夜光杯文丛

窗前谁种芭蕉

Chuangqian Shui Zhong Bajiao
Shiwa Zhu

石娃◎著

文汇出版社

自序:边写边画

　　夏天来了,它来得悄然,就像一枚微不足道的叶子跌落下来。南方的蓝天上重又绽放着洁白而盛大的云朵,一团团,也像一朵朵飞行的胖花。在这些你几乎无法捕捉到它们飞行踪迹的云朵覆盖下和你几乎可以感觉到这些云朵移动的斑驳光影里,我开始了一段比知了还忙的日子:整理那些曾一粒一粒码下的如今四散零落的文字,再将所画的油画固定在画框上,把那些交错的玫瑰茜红湖蓝粉绿那坡里黄一股脑收录在数码相机小小的取景框里——这是我即将出版第三本随笔集的序曲。我觉得它与之后将要发生的乐章比较,一样有趣。

　　对于每个喜欢书画的人,我想都会有一个共同的体会,那就是每次对自己文字的整理和出版或画作的整理与展览,它实际上更像是一次自己与自己漫长和亲密的对话。它也许令人兴奋,也许令人惶惑,也许令人焦灼。说起来,我倒是极怕这种"对话"的,因为每每面对自己的书画,我的诧异和羞愧总是多于自信。我的文字和画面没有表现大时代大生活大思想的能力,它们只是我对日常生活一些细碎闲散的思绪记录而已。可是想想,对于每一个热爱书画的人来说,又有什么比以一种传统文本的形式将他们情感、思想的点点滴滴和一笔笔的色彩整整齐齐记载出版更让人欣喜的呢？当我们生命的能量一点点地消耗和稀薄起来，那些书里的字符、留白、画面、墨香甚至纸张的重量和手感却依然存在，这是多好的事情！所以，这个夏天，我竟是欣然的。我要感谢上海《新民晚报》和"夜光杯"编辑贺小钢以及文汇出版社让我再次重温这种欣然。

2010 年夏写在广州

目录 Contents

自序：边写边画 /001

雪的记忆 /001
来自温泉水的胡思乱想 /004
插画：《窗前谁种芭蕉》/007
那些云上的日子 /008
苹果飘香 /011
除了融化，你我别无选择 /014
半山 /017
22:08 的地铁 /019
最后的探戈 /021

插画:《醉卧》/023
旗袍 /024
前世今生 /026
青瓷瓶插紫薇花 /028
素馨香雪 /031
我想拥有一个怪诞的房间 /034
关于院子 /037
插画:《春色》039
老派男人 /040
"老派男人"后话 /042
这艘潜艇 /044
飞 /047
绿了芭蕉 /049
风,吹乱了木槿淡红的叶 /051
数学人生 /054
插画:《淡抹》057
美学启蒙 /058
时髦表情 /060
剩蛋鱼块 /062
激情问题 /065
红灯笼 /067
老房子 /069
深度呼吸 /072
曾经的传奇,曾经的浮游 /074
LV 的浪漫旅程 /076

插画:《蕾丝》079
或春或夏 /080
夜阑静 /082
东京来的 /085
没有希望,但是我还好 /088
儿童的颜色 /091
张看 /093
插画:《涂鸦》095
你的痛,我的乐——女看足球 /096
灾难快感 /099
我爱王八 /102
81个和8个 /105
午夜凶铃 /108
吃垮酒楼的14条军规 /111
真的吗? /114
小小少年 /117
绿色消失 /119
水果问题 /122
春节琐记 /124
插画:《比桃花还红》127
孤独的玫瑰 /128
迷失威尼斯 /130
这样的一生一世 /133
我在围攻所有衰老的信号 /136
太阳照常升起 /139

等待梁朝伟 /142

即时褪色 /145

头文字病 /148

酒吧 /150

第一池绿水 /152

疯了,绝对疯了 /154

插画:《三两枝》157

穿过发间的风 /158

起风了 /160

闲话坐牢 /162

宝贝 /164

怕官 /166

说电视 /168

插画:《大丽花》171

美国来的 /172

面对镜头 /174

风筝 /176

杨老板 /178

数字 /181

奥菲斯小姐 /183

广告人 /185

飞机下面 /187

讨厌一切 /190

不一样的出租车司机 /192

香港味道 /196

插画:《童话·夜宴》199
香港名媛 /200
摇摇摆摆 /203
广州人 /206
洗澡 /208
微波炉之夜 /211
最后一滴奶茶 /214
富不过三 /217
灿叔 /220
无鸡不欢 /222
插画:《压枝低》225
"贵妃溜冰"与"广岛之恋" /226
爱情配方:白发红颜 /229
速写爱情五十年 /232
爱是毒瘾 /234
黛西 /236
满城尽是莫扎特 /240
女人大过天 /242
换画 /244
惊悚爱情 /246
猪会爬树 /248
揩油,OL及其他 /250
魅力 /252
插画:《心诛》255
无关"同志" /256

重色轻友 /258

穿过酒店大堂的女人 /260

美女消失 /263

颓势 /265

手之时尚 /267

插画：《带露浓》271

水果衣裳 /272

男人的漂亮 /275

迷你裙 /277

意大利的鞋匠 /279

金毛 /281

大头靴 /283

黑色 /285

日本女装 /287

一低头的温柔 /289

菠萝 /291

千年芬芳 /293

玫瑰玫瑰我爱你 /295

池边 /297

耕耘颜色 /300

雪的记忆

关于雪,我的常识,我的印象、我的记忆都是苍白的。我对雪的记忆,更多是从小说或影像中获得的。比如这样的描述:"穿过县界长长的隧道,便是雪国。夜空下一片白茫茫。火车在信号所前停了下来。"——恍若一帧版画,好美。你可以说它是俄罗斯莫斯科的某个景致,也可以说它是中国哈尔滨的某个景致,而它只是川端康成笔下的《雪国》。

我的南方没有雪,只有阳光和雨。冬季短暂而阴晦。好多年前到北京,季节刚好是冬天,终于感受过两场雪。虽然并不淋漓酣畅,只是温润的细雪,但也很开心了,竟不顾一切冲到街上,仰脸拼命接纳如此美妙的细碎雪花。那会儿还蓦地想起中学时,我曾经因为小小的自负被一个北方籍老师如此教训:"你得意什么?至少你还没见识过雪吧?!"

后来住在哥哥北京的家里,也喜欢长时间呆呆伫立在玻璃窗前,看那些大马路上如棋盘跳棋子儿一样的小人辗转在纷纷扬扬的雪雾中。对雪同样朦胧的印象是：北方的室内真暖啊。只因冬季北方的房间里可以弥漫由暖气管道输送的暖气，往往只穿一件薄薄软软的开司米就行了。我于是对北方的暖气管道也充满着好奇和热情。

当时听一些北京朋友说，那种管道不好看。也许他们见惯不怪了，我倒觉得那一排排的暖气管道片，恰恰是北方人日常起居一个非常温馨的符号。有时看到他们顺手把被雪水打湿的手套、风雪帽、袜子什么的随便搭在上面，就更感到一种可爱的、平实的、世俗的生活情趣似卷轴画一样哗啦啦地骤然在我面前抖开来。何况那片片管道多像手风琴啊，仿佛启合之间，春光一般明媚动人的《喀秋莎》歌声就会从喀秋莎峻峭的河岸与梨花香一起飘荡而来。

但听说现在很多新盖的商品房，或北方人在装修屋子时，都已经刻意把过去外露的暖气管道藏匿起来了。作为外乡人的我，便多少觉得有点可惜。也许，所谓更加现代化的生活，就是要把一个个从前动人的生活细节慢慢抹杀的过程？——看过一些欧洲时尚杂志，发现很多模特儿其实都喜欢以那些已是锈迹斑驳的暖气管道作展示背景。一个摄影师说，暖气管道的质感让他联想起生活真切的温暖。

还是说雪国窗外的雪罢。听说冬季窗外曼舞的雪花，尤其能激起人们某种思绪和情感的游荡。所以，生活在寒冷地带的人们总要比生活在热带地区的人们更富于哲思和想象。可不，看看那些伟大的文学作品，总是诞生在寒冷的国家和地区。再看看俄罗斯的文学家，更是一个比一个能写，一个比一个写得长。索尔仁尼琴曾对日本友人木村浩说："没有雪，俄国人是活不下去的。没有雪，就没有俄罗斯。"这是一个多么真诚和直接的诠释。

同样，北欧的冬天也是异常寒冷的。我们都知道，寒冷的北欧也是目前地球上一个最接近近代乌托邦们所描述的社会。那里的人们，生活优哉游哉。但令人料想不到的是，这么一个接近人类理想的社会，却是目前世界上自杀率最高的地方。我于是想，就像自然界没有绝对的好气候一样，人的生存方式怎样才算最好，恐怕也不会有一个终极和绝对的答案罢？既然如此，那我们还是阿Q阿Q吧。管它细雪还是豪雪，管它有雪还是无雪，管他共产还是无产，"绿蚁新醅酒，红泥小火炉"。暂时来说，还有什么会比这种情境更简单、更温暖和更写意的么？

来自温泉水的胡思乱想

从市中心出发,大概一个半小时,就到了我们要到的这个温泉。

广州的温泉都集中在这一带了,这里的山很多。山多的地方,较之近水的地方总是穷一些的。广州的北部是山区,南部是出海口,所以南部一向比较富饶。这十多年来,广州人到郊区购置房产,也都喜欢往南跑。这样一来,北部山区的自然生态倒是没遭遇多大的破坏,依然绿水青山,满目葱翠。

中国文人历来喜欢寄情于山水,更何况现在文人集体性地比较失意,所以跑到这里的温泉寄情抒怀一下,也蛮有道理。我实在算不上个标准的文人,但现实中还是最喜欢跟舞文弄墨的朋友在一起。这个是没办法的事情。

十月份去日本的时候,行色匆匆,也没来得及享受一下日式温泉。很喜欢古代的日本人把温泉唤作地狱,因为会想起萨特的那句:他人即地狱。温泉即地狱。其实,人和温泉水还算得上是好东西吧？地狱本是佛教用语，象征着苦难的世界。因为日本是地震活跃带，火山喷发后的地方，总是硫磺漫山，烟雾腾腾，高温气体把岩石都化成了黏土，方圆数公里会寸草不生，实在荒凉和恐怖，所以古时候的日本人要把因地震形成的温泉称作地狱。

但温泉水实在又是好东西。在今天，也许人们离自然越来越远，也许各种各样的污染太厉害，所以有关温泉的好处已经被说得神乎其神了。据说温泉水可以治风湿，可以治脚气，可以治皮肤病，还可以疗伤。在日本，浸泡温泉还有堕胎功效一说。好些日本未婚MM不小心怀孕了，就会急急脚跑到温泉，泡上几回含丰富硫磺水质的温泉，胎儿可能就会莫名其妙地消失了。——从这个角度来说，温泉又的确是地狱。日本作家渡边淳一的每一部小说，几乎都是不厌其烦地喜欢让各种中产阶级男人和良家妇女发生着唯美、无奈的婚外畸恋。在那些偷情的日子里，他笔下的男女主角，除了喜欢流连上等的饭店和酒吧，少不了也会泡泡温泉。温泉，是多么日本的文化元素啊，岂能少了它？它与渡边那种在地狱里享受极乐的爱情观真是很贴切。

我们这里的温泉，自然是无法跟日本的温泉水相比的。也幸好不能相比，否则我所生活的城市老是地震，岂不麻烦？但这里的温泉，也算得上是当地温泉的极品了。一池绿水，长流供应，不用过滤，无需加热，没有异味。抵达的第一天，听完一个非常精彩的讲座，女友们就迫不及待纷纷滚到温泉水里了，一泡就是两个时辰。大家都说，干脆就把第二天的文学讨论会放在温泉里进行吧。这真是个疯狂和美妙的主意。

也许,我们的温泉还没有被赋予地狱的意义,所以文学最后还是要在会议厅认认真真地讨论才好。只是,我现在已不复当年的文学"粪"青了,平时也很少读当代的小说。记得村上春树曾经借他书里的人物这样说:对死后不足三十年的作家,原则上他是不读的。理由是,他不愿意在未经过时间洗礼的书籍方面浪费时间,毕竟人生短暂。我后来也深深中了这句话的毒。但对说这句话的村上倒是例外。村上尚在人间,我也仍然要好好地读他。当然在中国,有位学者认为,三十年好像都还不够的,人的阅读精力如果有限,再极端几分,四九年以后的大部分小说,读不读也都罢啦。没办法,正如现实总是让人失望一样,无法逾越的折射着这样那样意识形态的现实文学也总是令人失望的。所以第二天开会,我脑子里依然想的全是头一晚温泉水海市蜃楼般的袅袅烟雾水汽和月色里墨蓝的天壁与山峦。可不,如果可以选择,我宁可永远浸泡着"在地狱里享受极乐"的温泉水,然后再醉死在唐诗宋词里。

窗前谁种芭蕉 （油画）

那些云上的日子

你说,是因为天气太过炙热的缘故吗?也许。就在七月二十九日和三十日这 48 小时,欧洲几位电影界艺术大师竟相继去世。他们是意大利导演米凯朗基罗·安东尼奥尼、瑞典导演英格玛·伯格曼和法国著名演员米歇尔·塞候。欧洲人于是站在七月伤感的阳光里告诉全世界:这是一个告别的季节。

在这样一个告别的季节,遥远的我让我的咖啡继续在清晨无比纯洁的阳光折射中蒸馏。蒸馏的咖啡缓缓流淌,先是金黄,然后是浅浅的棕,最后是浓浓的棕,与满室挥之不去的馥郁芳香一样地浓烈。这无疑是一种属于欧洲的金黄与雅棕。突然悟到,是的,欧洲电影就是这样的,安东尼奥尼的电影也是这样的。尤其是安东尼奥尼的《云上的日子》,更是这样的。虽然已经把《云上的日子》翻来覆去看了好几遍,但仍觉得意犹未尽,如咖啡。

想想,这就有点似我对电影的态度一样反复了。最先我喜欢精致和典雅的欧洲电影,后来则长时间迷恋过好莱坞大片,一度还被好莱坞的火爆恢宏和淋漓尽致镇住。但绕了一圈,现在又重新驻足在欧洲电影的面前,重新热爱感受它无尽的美感、含蓄和细腻。

《云上的日子》就是这样一部有着无尽的美感、含蓄和细腻的电影,如诗如画如音乐。据说拍这部影片时,当时年逾八旬的安东尼奥尼已经失去了语言能力,他是依靠助手和自己的手势、意念完成了这部带有强烈个人自传和哲学思考色彩的影片拍摄和制作。电影语言是……散淡的叙述,零碎的情节,若隐若现的主线和一对对匆匆擦肩而过的男女角色。整部影片由发生在费拉拿小镇、海滨小城、巴黎和教堂这四个看似独立而又相互依存的爱情故事珍珠般串联而成。这美妙的四个断章,慢慢地看完也就如同欣赏了一曲同样美得久久化不开的弦乐重奏。刚好是四个故事,谁又能证明安东尼奥尼不是受了音乐的启示呢?

安东尼奥尼在电影《云上的日子》里借男主角如此地表达着自己:"……我只是个懂得影像的人。在拍摄时,我试图发掘现实,把事物的外貌拍下来并放大;我努力探寻其背后的东西。除此之外我一生中再无所长。"——是的,安东尼奥尼努力探寻着电影背后的东西或者说爱情背后的东西。他在影片《云上的日子》探寻着一次次爱情邂逅而又无法把握的失落,探寻着人们等待的虚无与意义,探寻着激情相遇而又无力相拥的惆怅,探寻着人类灵魂与欲望的巨大迷惘……而我们都知道,这些探寻的答案是没有的,它们通常只在风中飘荡。安东尼奥尼于是也只在他的封镜之作为我们提供了他思想和感情支离的影像和无法聚拢的碎片。那些爱情的日子,就像云彩一样飘移和游动。它让我们再次暂时相信了一个不愿相信的事实,人类最美好和最大的障碍,与那些永恒的爱情有关。

除了安东尼奥尼炉火纯青的电影语言和欧洲优雅含蓄的电影风格,《云上的日子》最吸引我的还有苏菲·玛索。这个精灵一样的法国女明星,令整个欧洲大陆男人集体晕厥的女人,在《云上的日子》里,她一贯经典的梦幻表情里,又糅进了几分令人难以琢磨的痛楚和落寞。毕竟是国际巨星,虽然只出演了四个断章的其中一章,但甫一出场,就不着痕迹地把所有女演员的光辉瞬间灭掉了。"美丽而危险,纯洁而放任,快乐的身体和永恒的快乐,这就是片中的苏菲·玛索。"

苹果飘香

如果我有一个小小、小小的妹妹,或者我有一个小小、小小的女儿,我会命名她为"苹果",然后再另存为"Apple"。很奇怪的,无论是中文或英文,苹果都很动听。美国好莱坞有个女演员有两个女儿,大的叫巴黎,小的就叫苹果。嘀,好名字都教她拿去了的。幸亏不是商标或域名,并不存在抢注的问题。

对于苹果,《辞海》是这样描述的:蔷薇科。落叶乔木。伞房花序,有花三至七朵;花淡红或淡紫红,边缘色较深……这样慢慢地读下来,眼前仿佛就会幻化出一幅笔触细腻淡雅的工笔画。那些晕染的粉红、晕染的粉紫、晕染的灰绿……

苹果,是水果的一种。关键的,它还是水果之王。在一年四季里,苹果都与我们不离不弃。它含有丰富的碳水化合物和维生素A与C。如果我们注定只能生活在一棵美丽的苹果树下,那么苹果丰富的营养成分也是可以让我们生命暂时得以继续的。

因为英国那个叫牛顿的家伙,苹果也成了名副其实的科学果。传说那一天,牛顿在花园散步,有一只苹果从树上落在了他跟前,牛顿由此灵光一闪,推论出伟大的万有引力定律。后来英国为纪念牛顿"自然哲学的数学原理"出版发行300周年,还特别发行了一枚邮票。小巧的邮票画面,是一只红彤彤的大苹果衬托着著名的万有引力定律公式。

无独有偶,美国历史上也发行过一枚一个老农和一个红苹果在一起的邮票。比起其他国家,美国人似乎对苹果表现得尤其狂热。因为在美国的西部开发中,苹果曾经扮演过重要的角色。当然,只要留意一下美国的工艺设计,就会发现他们对具象的东西,往往会表现出孩童般的喜爱。所以美国也有了苹果电脑。我一直很喜欢苹果电脑那个独特的标志。妙就妙在苹果的那个缺口。它是否寓意了,在科学的领域,要有勇吃禁果和打破完整的精神呢?

记得在做《W》的时候,我曾经和美工K在公司日以继夜地伏案工作。一个大大的筒灯软软低垂,金色的暖光罩着我们面前的苹果电脑,电脑的外壳是最新款的透明体。当它启动时,你好像看到了爱因斯坦的大脑在吱吱嘎嘎地急速转动。它激励着我和K一个个平面灵感的涌动……只是,苹果电脑,也像一个不轻易同流合污、纯洁骄傲的公主,直到现在它还是拒绝与其他PC机兼容的。

但在《圣经》里,苹果这颗智慧果又是一颗充满诱惑的禁果。亚当和夏娃就是偷吃了这颗禁果,才窥视了男女之间的肉体关系,从而告别了混沌蒙昧,但也由此犯下了所谓的世代救赎的原罪。

　　红红的苹果,它们可曾想过自己给人类带来了这么多科学、宗教和有趣的问题吗？我只晓得,在这个冬天里,苹果树的苹果仍在飘香……

除了融化,你我别无选择

进入七月上旬,湿润断然拂袖而去,就像一段爱情与音乐突然的中止。

才知道"走在红尘的边缘无悔无怨,看看绿水和青山仍旧依然,滴滴小雨打在我心上"的六月是多么的可爱。只因那时几乎天天有酣畅淋漓的大雨。而现在,只得炎热,热得大家都像热锅上的蚂蚁。

现在气温依旧是可怕的摄氏37度。但如果漫步户外,因地面光返照、建筑物折射、汽车废气排放、空调机散发热量……温度其实已大大超过37度。37度,是一个临界点。再过去N分,就是人类发烧的温度。发烧的症状是疲乏无力、神志不清。炎热正使这个城市和城市的人们集体濒临神志不清。

每日清晨,强烈的太阳就迫不及待以一种可怕的炽热气流与白光,粗暴地泼在我们的脸上和我们的植物上。

一个曾到过非洲的朋友告诉我,在非洲,因为炎热,日头下,人们是无法工作和生活的,总在睡觉。醒了,就像猴子一样吃几根香蕉,又睡过去。

到了夜晚,他们才在暑气散去的月光下跳舞、唱歌、嬉戏。所以我们看到,世界上的黑色人种,大多只在艺术和体育领域出人头地,科学领域觅不到一个黑人。因为科学,需要理智。而理智,只能从冷静中产生。这与种族歧视无关。

同样,被誉为"俄罗斯的良心"的索尔仁尼琴,也曾经与日本学者木村浩有过这样一段诗意的对话。

……那天,在索尔仁尼琴住处,眺望着窗外茂密的森林,木村浩问:"到了冬天,这里会漫天大雪吧?"

索尔仁尼琴答:"雪相当大。……要知道,没有雪,俄国人是活不下去的。没有雪,也就没有俄罗斯。"

我想,作为一个文学家的回答,我是否也可以把索尔仁尼琴的这段话理解成这样:没有雪,就没有托尔斯泰和陀思妥耶夫斯基,也就没有波澜壮阔的俄罗斯文学;没有雪,就没有柴可夫斯基和拉赫玛尼诺夫,也就没有宽广温暖的俄罗斯音乐;没有雪,就没有列宾和苏里科夫,也就没有深沉忧郁的俄罗斯油画。没有雪,甚至也就没有震荡世界的前苏联宇航史和尤里·加加林。

可见寒冷和冷,是多么的重要。冷,令人镇静,并会激活我们的思想与创造。相反过热的气候与环境,只会令人烦闷、躁动与喧哗。

在南方,不知不觉地,我发现我的城市和我的四季早已面目全非了。春天,已被夏日悄然兼容;秋天,也惨烈陈尸于冬夏之间。单薄的冬天,惊鸿如昙花盛开。剩下的,全是热得让人发疯的夏天。

有人说,这样的气温,已经不适合人类平静生活了。历史上有的城市就因为过于炎热像绿洲变沙漠一样消退了。每回,当我从有温控调节的空间一头撞入正午的阳光里,我都坚信自己瞬间已被一颗庞大的导弹彻底击穿,然后我的身体迅速扭曲,变形,分崩,直至融化。

是的。融化。冰雪和糖果融化于火焰一般的融化。

……某日,那个叫金城武的正拍着电影。当导演陈述了半天也无法完整表达他的镜头理念时,金城武笑问:你是要我瞬间融化吗?

导演几乎哭着记录了金无可救药的"融化"。

融化……是啊,就让我们都以一种融化的美态融化在城市夏日漫长的荒芜吧。因为除此之外,我们已别无选择。

半山

到半山吃茶,须得自己抓车,这是到半山吃茶的好,也是到半山吃茶的不好。好呢,是少了好多阿公阿婆,不需要候位;不好呢,想和不抓车的朋友来此一聚,就变得不那么方便。因为是在半山,我现在竟说不出它所在的具体地段,甚至连茶庄的名字也浑然不晓。

小小的茶庄挂在寂静的半山上。那是一栋很别致的山庄小楼,不怎么起眼的。小楼探出一大截晒台来,来此的人们就在晒台上喝茶。十来张石屎桌,桌上方敞着大蘑菇一样的酒红色遮阳篷。来的都是熟客,互相点点头、笑笑口打过招呼就坐下来喝普洱喝花茶。这通常是在冬季的正午。

来这里的茶客,除了喝茶,大部分人是冲着这里的阳光而来的。清晨,阳光开始从东边照耀半山,然后渐渐地阳光又从半山折射回来,最后和中午直照的阳光一块儿把一整天的热能和温暖都蓄在了晒台上,所以坐在这里,人会感到格外的暖和。

"再不晒晒就要发霉了！发霉了！"那些男人一落座就一边宽衣一边嚷嚷。

在半山,正午和午后这段时间是一天之中最好的。这时候满目葱翠,阳光普照,好像冬天所有的寒气和湿气都被明媚的阳光烘焙成某种香气了。如果这时你饥肠辘辘,这迷人的气息可能会是诱人的烤面包香味;如果这时你正在思念某个女子,那它就有可能会是淡淡的丁香花味了。

就在冬季的这个午后,半山的人们三三两两慵懒地埋在有扶手的藤椅里,他们聊天、微笑。沐浴在阳光里的他们,恍惚之中甚至可以真切地察觉阳光的角度正奇妙地一点一点由东至西移动呢。他们于是伸出苍白的双手想要捕捉这种移动……光影里,有一只黄猫悠然地来来回回地踱步。一个茶客笑盈盈地跟身材胖胖、一脸福相的老板娘说,"阳台上再种几株海棠,支几笼麻雀仔会更好的。"

在这里,一切都似乎是安静下来的了,一切也似乎是缓慢下来的了。就在咫尺之遥的那一边,这座城市的活力和混乱暂时还没有延续过来。或者说,在氤氲缭绕的茶香花香里,在懒洋洋的午后阳光里,此时此刻,这是属于未被破坏的一天……

22:08 的地铁

喜欢伫立地铁站台的感觉,而且最好是 22:08。因为这个时间提醒着站台的人们,这是最后一班地铁了。

22:08 的地铁站台,空旷而寂寥。不远处,或更远处,只有西门子的挂钟,幽幽地闪烁着一团团温柔而冷峻的光芒。

是的,在沉没于地底下的铁路站台,挂钟尤其显得重要。因为这里没有阳光,没有月色,没有马路。时间有时像萨尔瓦多·达利油画里那些熔化了的、软绵绵搭在树枝上或摊在桌子上的怀表。

很有意思的是,伫立地铁站台时,我常常会莫名地忆起那部《巴黎最后一班地铁》的电影。这是一部由弗朗索瓦·特吕弗、德帕迪尔和卡特琳娜·德纳芙共同打造的经典电影。

电影里,德军占领下的巴黎,到处都流动着黄昏一般的慌乱。因为军事宵禁,巴黎的人们当时每晚就到歌剧院打发无聊,然后又匆匆赶坐巴黎最后一班地铁回家。大鼻子德帕迪尔和优雅的德纳芙,就是在这么一段慌乱和粗糙的时间里展开了他们的爱情。

22:08过了。

此时,远方的黑洞开始出现了两团橘黄色的光芒,紧接着身边就像海啸似地骤然掀起一股飓风。飓风吹乱了站台上人们的头发、裙裾、衣摆和握在手中的报纸,人们于是眯缝起眼睛别过脸去……当他们张开双眼,地铁之门已悄然洞开。

总觉得,这种飓风呼啸而过的感觉,是地铁站台一道最动人的风景线。然后,地铁车厢里外,人们鱼贯而出,人们又鱼贯而入。

在一些发达的国际都市地铁站,常常还会看到一些更有趣的情形。隔着两道或几道的站台,你明明看到一个好友就在不远处,于是你欢呼、跳跃、心急如焚,可就是无法逾越铁轨与朋友热烈相拥。这时,大家只能眼睁睁坐上两列方向迥异的地铁风驰电掣地擦肩而过。这与我们现实中许多命运和爱情的经历何其相似啊。

22:29。步出最后一班地铁时,发现那些地底下的前卫时尚小店还不想打烊呢,因为时尚一族仍在流连忘返。你于是不得不相信,在我们的城市里,其实已经有越来越多的人喜欢像"迷失东京"一样迷失在没有时空的概念里;喜欢像迷失在"幻影迷宫"一样迷失在一个相对非现实的世界里,哪怕活得似一只田鼠呢。

22:37。我终于随手扶电梯浮出地面,但见眼前霓虹烂漫一片,车声人声也轰然而至。

最后的探戈

想想,探戈没有诞生在欧洲的宫廷是有道理的。因为它那么火爆、热烈和挑逗。典雅高贵而又道貌岸然的宫廷是容不下它、也受不了它的。所以,探戈只能从欧洲拐了个弯,然后在南美的布宜诺斯艾利斯生下了自己。这是一个神秘而野性的孩子。

当然,南美一向就是个充满野性和神奇的地方。从那里的沼泽地、荒郊小镇和破旧咖啡馆发生的离奇故事,好多都已经被加西亚·马尔克斯、博尔赫斯写成很好看的小说了。

布宜诺斯艾利斯也是一座探戈的城市。因为它的空气里无时不弥漫着迷人的探戈气息。哦,对于跳舞,已经是久违的了。但还记得以前到舞厅的时候,每当打碟的家伙打出一截怪异和不怎么和谐的曲子时,我都会为之一震。我知道,探戈来了。

很奇怪的是,跳探戈舞的男人女人再怎么普通,跳着跳着,就都会跳出一种气质来的。……音乐总是摇摆、放荡而又断裂的……舞蹈的男人和女人紧密相贴,亦步亦趋,就这么荡来荡去……突然他们一个急旋,狠狠地抛弃对方,然后又躬身将对方狠狠地捞回怀里……这一连串的动作,充满了随时爆炸和随时温柔的可能。

听一个搞音乐的人说过,其实探戈舞曲是从前什么人把西班牙和非洲的音乐交融、打烂、重组而成的。这种怪味的特殊曲调,听起来性感而又神经质。它暗示了皮条客和妓女们之间的暧昧关系。

听了这样的解释我们会瞠目结舌吗?但我们真是无法怀疑探戈也是一种异常美妙的音乐。而美妙的探戈后来使我永远记住了一个电影演员的名字:艾尔·帕西诺。

艾尔·帕西诺是那么英俊。他在电影《闻香识女人》里和一个黑衣少女在酒店翩然起舞探戈的经典片断让人难以忘怀。那会儿,即使双目失明,也不能丝毫阻碍帕西诺成为一个标准的绅士。

我们现在所居住的这座城市,平时好像除了举办拉丁舞专业比赛外,从未见过成群结队的男人和女人聚集在春天的广场一齐跳探戈舞的。其实,我们是应该跳的。

因为我们的生活里早已充满了与探戈如此相似的气息:美妙的焦虑,濒临的爆炸,把持不定的爱情,还有丝一样游动着的神经质。

醉卧 （油画）

旗袍

旗袍是带了清代满族女性美学、野心与妩媚流转而来的。我一直觉得,当这种最初衣长及踝的绣花红缎长袍,发展到民国时期短去一截的宽袍大袖风格时,已经非常好看。袍的领、襟、袖部位的宽边镶滚和飞花走凤图案,更是一种不亚于法国18世纪中期庞波多夫人辉煌服饰的艺术品。陈逸飞油画中的美女常常如此穿着,露出一截玉腕,抚琴弄瑟,轻摇罗扇。

旗袍在上个世纪三四十年代,或因欧风美雨的吹打,或因行动改良的需要,反正到了那时候该简单的都简单了。最后女人穿上它全成了雕塑,多一分赘肉少一分丰柔都假不得。因此,我想除了比基尼,就数旗袍最考女人身段了。

旗袍在近代主宰了中国女性服装有二三十年。我总觉得,当时北平的女子穿上浅色士林蓝布旗袍,全都像巴金和苏童小说里的女子,很书卷很大家闺秀。在那些士林蓝布旗袍外面再披挂上粗粗的毛衣、夹袄、长围巾,也是好看的。

而当时的上海女人除了士林蓝，她们也让桃红葱绿的绫罗绸缎、碎花细格布一哄而上，硬是将旗袍推到了登峰造极的地步。她们更爱以大波浪长发，高跟鞋和长呢大衣配合、补充着旗袍。如今，当年这些一捻柳腰，飘来荡去的旗袍女郎都已经成了一帧帧尘封的老照片了，有时轻试尘埃，昔日十里洋场的浮华与衰败竟真实得吓人。

到了今天，旗袍更是现实中一幅恋恋不舍而又止不住哗哗流逝着的风俗画了。女同胞们现在穿得是愈来愈少了。露肩、露胸、露背、露臂、露腿、露肚、露脐，或者说，不露的只剩下三点。倒是省却了不少的布料。

然而旗袍仍然是永恒的。记得曾经参加过一场 party，当时女宾客一概都穿了红红绿绿的暴露式西洋晚装，独独有一位女郎却斗胆穿了一袭密密实实的黑缎旗袍，也不饰任何金银珠宝，只当胸别了一朵红玫瑰。结果，那晚的衣香鬓影，她竟轻而易举教所有女人做了她的陪衬。

前世今生

记得,在香港回归那阵子,香港的名媛淑女是很过了一把旗袍瘾的。香港是一座时尚的城市,她们一向都很喜欢用时尚来表达她们的某种感情。那么在服装上,当时除了旗袍,还有什么最能说明她们至少在外形上已经开始将殖民意识抛置脑后了呢?没有,只能是旗袍。

其实一直以来,国内的许多服装商店都有旗袍专卖店的。在广州,像江南大道和白马服装批发市场,那里的旗袍供应至今蔚为壮观。

但总觉得香港回归后的旗袍和现在商场里的旗袍,都已经不是那种传统和经典意义上的旗袍了。那些服装商们很粗暴地在传统旗袍上大动干戈,掐头去尾,硬是让旗袍时髦化了。比如,莫名其妙地加了垫肩,装饰假盘扣,缝上塑料拉链。最难顶的是布料,居然化纤、莱卡、牛仔布什么的也够胆滥竽充数。很恐怖。

真的,我觉得无论旗袍怎么变,横看竖看还是传统的最好看。

好看的旗袍应该是——不高不低的领口,微微乍起的袖笼,松紧适度的腰身,然后是一道永远惊心动魄,既含蓄又挑逗的大开叉。而面料一定要用天然的绫罗绸缎和棉布。

现实里,也许是审美疲劳,也许是日子过疲乏了,反正常常会有香港女人、大陆女人突然心血来潮地很想重拾一下服装文化遗风。于是某一日,她们就踩着钉了钢钉的细细高跟鞋"得得得"地跑到商店里买了一件旗袍套在身上。——可她们无论如何也办不到了。真的办不到了。并不仅仅是旗袍被那些服装生产商裁得古灵精怪,而是女同胞们的脸部线条和表情已经全然不对路了。

从前的旗袍女人,她们的脸蛋、表情,就像张爱玲写过的秋夜,有着水一样的干净、柔顺和宁静。最重要的是干净。

但现在已经很难找到表情像水一样干净的女人了。现代女人的表情太过丰富,她们的脸上刻着太多的欲望、不满与抱怨。所以她们的脸蛋从年纪轻轻时就开始起棱起角、青青黄黄、六神无主。

一张有棱有角兼青青黄黄的脸,当然是要靠化妆品来搭救的了。所以现代女人的脸,总是不干净的。

旗袍是注定要随风而逝的了。因为前世今生,物是人非,旗袍再也找不到几个合格的主人了。既然这样,那就干脆让旗袍纯粹而体面地消失罢。

青瓷瓶插紫薇花

不知道那天伦敦的天气怎样？伦敦它有没有雾？有没有雨？有没有吝啬的阳光？真的不知道。因为董桥没有说。但这天，董桥却展纸写下他心中很甜很甜的日子是这样的：一条小桥，一湾流水，一丛翠竹的日子，很甜。一盏明灯，一函旧书，一碗苦茶的日子很甜……只读这样两行字，就知道董桥是那种身在喧嚣处，心却爱听荒雨的人。而荒雨，就是小桥流水、旧书苦茶，当然还有我正要提及的青花瓷了。

我喜欢上青花是好些年前的事情了。青花瓷只是瓷器中的一种，但我独独钟爱它。瓷器里的釉里红和斗彩，当然也很美，但我总觉得，只有青花那样的白，承受着那样清幽的蓝——或松竹梅，或村郭茅屋，或叠峰绿水——才那样地恰到妙处。清秀，安静，古雅。斗彩一跟它比，就会显得热闹、霸气和奢侈。不然何以叫斗彩？

热闹和霸气都不是我喜欢的，奢侈更是我可望不可即的，我于是只爱青花。但爱归爱,我倒是藏不起那些具有古董意义青花瓷的。唯有常常跑进书局抱回一些青花图册,或溜达溜达博雅斋聊以安慰。这些翻看青花图册和摩挲博古架青瓷的日子,竟也很甜很甜。

记得马未都先生这样说过:"现在,多好的东西我都可以不拥有它,只要我看它一眼,就如同我曾拥有过一样。"我想,这就是真正的大家和贵族风范了。马先生的这番话,据说还被一个作家引申到男性对女性的态度上。

后来我发现,在我结识的朋友里,有两种人竟是无需多说什么,就可以迅速彼此心灵相通的。一种是热爱佛教的,另一种就是喜欢青花或古董的。佛教和古董的精神内涵,都是悠远和沉静的,在它们面前,过多的语言往往显得无谓和软弱,所以,不必多说。

多年前认识香港一对做牙医的年轻夫妻,这两口子都是青花狂热分子,辛辛苦苦赚来的银两,几乎全都扔进了青花瓶瓶罐罐里。他们那时人一到广州,就会急呼我朝带河路一路狂奔。——带河路的古玩市场,近十多年来几乎被一批批潮汕人占领了,它更像一个潮汕部落。有趣的是,香港人和潮汕人都是广东人,偏偏带河路的潮汕古玩商听不懂地道的广州话,而香港牙医夫妇的国语又实在难以恭维,于是总要我当当翻译的。画家林墉先生曾经教过我几手辨别真伪青花古玩的招数,逢着牙医夫妇拎着一只青花无所适从时,我一旁煞有介事的胡说八道竟有了决定性的意义。现在想起来真是误人子弟啊。

那一日，秋阳明媚。明媚的秋阳也照耀着带河路上一只青花瓷瓶。它窄颈阔肚，蛋青的瓷胎上画着两朵莲花。我一看就喜欢的不得了。那天潮州老板刚送走一批日本客，生意做大了，一时兴起竟慷慨将花瓶一把塞我，说，拿汽！——潮汕人总是将"去"音读成"汽"，将"非"音读成"灰"。我当时怀抱这只青花当然灰常灰常高兴啦。

以后，这只明末土窑出产的青花瓷便搁在了我的书橱里。它和我的书一样宁静和寂寞。偶尔从花市捧回一把野菊，我就会取出瓷瓶，插进几茎。那会儿，窗外的阳光或月色通常会骤然温柔起来。那会儿，我还会不期然想起董桥说的甜日子；想起宋代杨万里的那一句：青瓷瓶插紫薇花。

素馨香雪

从小到大,年年春节都在广州过,未免单调了。也因此,我是不大清楚别的城市是怎么过除夕的。

我的祖籍不是广州,所以经常会有这样的困惑:到了外地感到自己是广州人,而面对地道的广州人,又觉得自己是外省人。时间一长,便深觉地域文化是多么的厉害。它的深沉与绵长,竟会令你几十年也无法彻底融化其中的。我总是自认为自己已经很南方了,但每每到小店购物什么的,地道的广州人还是喜欢用半咸不淡的普通话跟我打招呼。我就用粤语笑问:"我脑门刻着外省人仨字吗?"他们忙拧头摆手说不不不,说就是不像。

我于是对地道的广州风俗也总是一知半解。广州建城已经两千多年了。过年的风俗好像还蛮复杂呢。进入腊月后头件事情就是要扫尘,这活儿必须在年三十之前完成;然后是贴春联;接着,就要办年货了,以前是家家亲自动手做,现在跑到超市半小时就可以搞定。因为饮食习惯不同,年货大抵跟北方也不一样罢,有年糕、油角、煎堆。小时候觉得这些东西好吃极了,但现在日日似过节,天天吃,吃伤了,竟觉得啥都乏味,惟白粥豆浆油条不朽也。

广州人年三十也是讲究不出家门的。初二才开年。所以即使有些风流男人再怎么风流,年三十和初一也必定会在家里过的。听说那些呆在"别馆"的"二奶"年前是最痛苦凄凉的,直到初二才会破涕重绽二奶独特的妩媚笑靥。

当然,广州人过春节最隆重最有名的还要数"行花街"了。记住,不是"看花街",也不是"闹花街",是"行"(读银行的"行"音)。一个行字,懒散的,随意的,成群结队的。

广州人行花街的习俗真是很久远了,追溯起来,应该始于明末。直到现在,过年前的几天,政府就会将许多条繁华街道实行封路,然后搭起一排排结实的花棚架。待到年三十的团圆饭一过,人们就会倾巢而出,成群结队地涌向鲜花盛开的十里花街。从前的广州人就这样描述过:粤有藩署前,夜有花市,游人如蚁,至彻旦云。

广东人和广州人留给外省人的印象一贯是实在、实干。我觉得,优点是它,但缺点也好像是它了。广州人有时缺乏理想和浪漫。也许正是这样的缺乏,在历史上,尤其在近代史上,广东那么多杰出的人物,只要一和北方人短兵相接,总要败下阵来的。比如阮玲玉,只因人言可畏,就轻轻把如花的生命抛了。这真是很奇怪的,为什么会这样啊?

但到了今天,因为现实中的理想与妄想、狂想往往仅一步之遥，我又觉得广州人没有太多的空想和理想，只有真正的实在，还是好的。我宁愿把年三十广州万人空巷，集体徜徉花海的习俗看成是他们最大的浪漫。难道不是吗？

在广州的花市里，以往有两种花最让人难以忘怀。一种是有着清爽、淡雅细碎白花的素馨；再一种就是南方独有的香雪梅了。总觉得素馨，多么像广东人日常散淡、无为的生活态度啊；而香雪梅，又多么像广东人崇尚坚韧、朴素的实干精神啊。所以理所当然的，这座城市就叫"花城"。

我想拥有一个怪诞的房间

八月的某个午后,倘若你我在这座城市的大街溜达,你我只会被一种无聊的情绪淹没。因为炽热的阳光几乎把所有的建筑物、风景和男人女人晒歪了、烤糊了。你我所见到的人全都摇摇摆摆鬼魅缥缈,如一具具比萨斜塔缓缓挪动。

妈妈来电话,说她的牙也热歪了。确切地讲是天气燥热牙上火了。我快乐地陪她到医院去,一家有着优良设备和医生的牙科医院。

没有人知道,其实我很喜欢牙科医院。我喜欢那些淡淡飘浮在空气中能镇定人类神经的药水味;喜欢医生纯洁神圣的白大褂;还喜欢那些银光闪闪叮当作响的精致器械。从小就这么神往着医生这种职业;神往他们具有穿透人类并不透明的皮肤直抵他们不适与痛楚的能力——尽管是肉体的,但与精神的又有什么本质上的不同呢?

说到底,牙科医院最吸引我的东西其实是那张用来给病人诊治牙齿的躺椅。这种专业的躺椅一直以来,都像一个神秘的谜语和神奇的魔术吸引着我。

躺椅的颜色,是安静低调的白与浅灰,德国西门子公司出品。这就很好。德国的产品一向严谨、冷静、意志、简练、艺术。

前几年曾经帮德国一家很有名的汽车公司做中国版杂志。记得每回在公司收到德国总部快递过来的第一手正片,我都匆匆忙忙扫描上传电脑,然后将它们放大、再放大……虽然要求一个女性对汽车机械产生兴趣几乎是不可能的,但在不断的扩放中,那些美轮美奂如钻石一般耀目的汽车局部零件,还是让我屏住呼吸,张大了嘴,惊叹不已。因为,那根本就是艺术品啊。

是的,德国是现在世界上最重视艺术的一个国家,因为它投到国家艺术创造的资金比例位居世界首位。而艺术,也就无不渗透到所有产品的设计中。

——瞧瞧,这张可爱的西门子牙医躺椅,它是多么的精密和全面!坐卧调控自如,既可当沙发,又可当床;头顶灯光线恰到好处地柔和。关键是那个小水龙头和盥洗池,水流温和,杯里的水,永不外溢。

我于是想,家里如有这么一张怪诞的躺椅多好。读书阅报,看碟赏乐,休息睡觉,不就都搞定了吗?半生的时间都可以被它打发了。而那些水,也可以换成牛奶、橙汁或咖啡,多过瘾啊!

想起有个朋友,原来是一名飞机工程师,也许因为太热爱飞机,他后来干脆将自己的房间装修成了一个飞机头等舱的模样。真是一个有创意和疯狂可爱的家伙。

……那天,当我坐在医院安静的角落等母亲,我突然感到四周慢慢飘散着一种迷惑和古怪的气息,我于是很想长久拥有这样一张怪诞的躺椅,然后再把我的房间也改造成飞机舱、轮船舱;或火车车厢、巴士车厢;甚或太空机舱。

只因为,我觉得我们的现实已经像极了这个晒歪的八月。

这个晒歪的八月,没有水分,没有鲜花,也没有童话。

如果拥有一个怪诞的房间,它至少经常能为我创造一种美妙的错觉:我正行走在各种各样的路上;我正疯子一样狂奔在时间的长河里……我随时还可以箭一样穿过云谲波诡的大气层,或颠簸于波光粼粼万里无垠的大海上;我的眼睛,也随时可以透过火车汽车的小窗掠过无数沧海桑田;最后我甚至还可以揪着自己的头发像鸟一样遨游在宇宙浩瀚的神秘里……就像从一个空港到另一个空港;从此岸到彼岸;从现在到未来;从已知到未知;从现实到梦想;从无望到希望;从时间到时间;从有限到无限。

虽然你可能再次提醒我,这只是发生在怪诞房间里的一种错觉。但长久以来,你我的世界其实已经很难确定真实与错觉了。难道不是吗?

关于院子

　　院子,对于我是既熟悉又陌生的。说熟悉,是因为我确切地知道它是庭园建筑的一种;说陌生,是因为我从未好好受用过院子。

　　对于院子,应该说比较喜欢北京四合院的。它像北京其他的特色建筑一样,比如红墙、胡同,散发着浓厚而朴实的文化风味。

　　广州的民房院落,最有风味的则要数西关大屋了。它通常三面为屋,一面为门,中央有一方天井。所谓天井,那就是瞧得见天空的一块院落了。西关大屋与北京的四合院一样,它给了人们与大自然对话的场地。从前的西关人,很爱在盛夏坐在天井乘凉。

　　曾经读过日本室生犀星先生一段有关庭院的说法。他说:"庭院中既不需树木,又不要石块之类,单有篱笆即可。光看篱笆,其他就看泥土或踏脚石,或青苔……若有整齐美观的篱笆墙,光看此墙足矣!"——这描述,像极了一幅动人的水墨画,感觉那画还水汩汩的。

习惯地,看广州西关大屋时,我爱看天井里整条整条的青石板,它们有沁人心脾的清凉。看北京四合院,倒是会想起鲁迅的《秋夜》来:"在我的后院,可以看见墙外有两株树,一株是枣树,还有一株也是枣树……"后面一句"还有一株也是枣树"轻轻松松地卖了个小小而又很美的关子。

记得有好几位前辈是住北京四合院的。印象最深的还是王蒙先生的四合院。王蒙住京城内一座标准的四合院,他家的四合院很不规则地种满了各式各样的花树。那年听王夫人介绍,那些花树有香椿树,有石榴树,有柿子树,有银杏树,而最关键的是,竟有一棵又高又壮的枣树。——还有一株是枣树。有鲁迅《秋夜》的意象,当时很是惊喜和感动。

现在的城里人,是很难住到带院子的房子了。因为人这么多,土地又是那么的稀缺,我们只能选择住高楼大厦。但高楼大厦是远离了地气同时也相对拒绝了阳光的。除非你很有钱,花上几百万买一个带着假山假水的别墅。

而且比较麻烦的是,现在的别墅大多都是一个面孔的,一排排、一列列,远看:有点像集中营;近看:有的只是豪华与奢侈。

说到底,我还是喜欢带了点岁月的院落,哪怕它是坐落在一条不知名的村落呢。

春色 （油画）

老派男人

一向对老派男人情有独钟。

老派男人的版本很容易从美国好莱坞早期黑白电影中寻找。如加利·格兰特、格利高里·派克、克拉克·盖博等。现代好莱坞影星中依然顽固拖拽着老派男人影子的典范则有罗伯特·雷德福。

老派男人总是温文尔雅,含蓄平和,情意绵绵。这样的男人永远会讨女人喜欢。

老派男人讲究修饰,但绝不以奢侈、张扬为荣。得体是他们对时尚最深刻的见解。

老派男人的审美大多垂情古典,无论音乐、绘画或家居设置。因为他们明白历史、古典能使人深邃,漠视古典是一种浅薄。

老派男人不耽于灯红酒绿的花花世界,但很热爱田园风情。

老派男人尤其懂得欣赏女性。女人跟老派男人闲谈、说情的心境总是散漫而愉快的。

一句话，老派男人活得不紧张、不激烈、不尖锐、不轻狂。

但在现实生活里，要寻找一个老派男人还是困难的。因为老派男人独有的风度、气质与涵养非一日半日修炼得了。老派男人作为一种男性类型代表，既离不开男子个人的作为，更离不开时势的熏陶。

环顾我们周围，常常见到好些男人一夜之间暴发便以新贵自居。他们总是沉不住气地抖着一身轻飘飘的西装招摇过市；他们好夸夸其谈，不厌其烦地罗列暴发家产和名牌物件；他们最爱到酒馆子大吃大喝乃至口吞金粉。虚荣、浮夸、矫情、利益充斥着我们的生活，真诚却如垃圾一文不值。老派男人所以注定是要被"新贵"们"打败"的。

在某个毛毛细雨的冬夜，我与几个女友无言颓坐于广州沙面的小酒吧。吧间回荡着伤感的老歌。女友们的情绪十分无奈。我们是如此的年轻、健康、感性和美丽，却偏偏总找不到几个温情儒雅、丰富生动而又令人赏心悦目的男子相互倾谈。我们都喜欢老派男人，但伤感的曲子却分明带给我们每人一份宿命感。我们自认生不逢时，生于动荡年代，而这种年代是不能造就有老派男人特质的男人的。

"老派男人"后话

好些时候,我是一个无聊的人、怀旧的人,凡事凡物都喜欢老旧的,譬如旧画、老歌、旧家具、老房子什么的。老旧的情绪久矣,便觉得男人老旧一点也是好的。游动着这样的心情和审美,在某年的春天,我便写下了那篇叫《老派男人》的文章。

没想到,许多上海人倒喜欢它。一些上海的朋友对我说,"哎呀石娃,你晓得讨上海人喜欢呀!"因为据说在某个历史时期,上海曾拥有数量可观的"老派"男人。

接踵而来的是热情读者的来信,来信者多为男士。他们普遍流露出对老派男人的认同、怀念和失落情绪。一个12岁的中学生在来信中明确表示:他是个彻头彻尾的老派男人。我脑海立刻就浮现出一个理小分头,穿着小小燕尾服坐在黄包车里的少年。还有的朋友干脆直截了当地问:"你爹是老派男人吗?你丈夫是老派男人吗?"

想一想,有人如此喜欢"老派男人",大概就因为老派男人是已经消失了的,消失了的东西总是好的。隔着一段泛黄的岁月回望,它就像夕阳一样流金溢彩,温暖而美丽。

不管我的生活里有没有老派男人,不管有多少人认为自己是老派男人或渴望成为老派男人,事实上,我们必须承认老派男人只是一种幻象和象征了,就在今天。我们生活在一个非常实际的年代,在这样一个年代,所有的伤感、眷恋、回味只会成为我们另一种意义上的驻足不前和脆弱失败。所以,在世俗和现实跟前,"老派男人"可以说等同于"失败男人"。一当意识到这点,我倒希望热爱老派男人的男人以及可亲可爱的读者不要老派、不能老派。因为你们的驻足不前和脆弱失败只会令我自责。

如果你们今天执意要寻找一种人、怀念一种人或成为一种人,那么至少应该选择"阿甘"那样的人。因为阿甘理着平头,紧系风纪扣告诉我们:生活就像一盒朱古力,每颗总有它意想不到的味道。阿甘还号召我们跑步,因为只有拔腿疾跑时,人才会不断向前再向前……

这艘潜艇

说来惭愧,从来没有好好读过吴承恩的《西游记》。因为那是四大名著之一,所以惭愧。不是不想读,而是读不进去。后来曾经想通过图书或电视剧曲线救国,还是不行,直到周星驰的无厘头《大话西游》出现,终于让我彻底地厌恶了它。

最近读了钱文忠教授的一篇文章,就像一个小学生抓到了一根没有完成功课的救命稻草,我好像也堂而皇之找到了读不进去的理由。钱文忠说:"《西游记》是中国四大古典名著之一,但是这部小说本身所传达的精神,却是我们民族的一种悲哀。为什么呢?请问这部小说是怎么理解佛教的?这部小说传达的是所有的妖魔鬼怪都希望吃唐僧的肉。作为一个出家僧人的形象,玄奘法师在小说里又是怎样一个形象呢?他从来没有得到真正的理解。相反那个好吃懒做、撒谎成性、好色、好吃喝、好口舌之欲、贪图享受的猪八戒,恰恰成了我们民族最喜欢的一个形象,也成了我们所有人心目中的一个梦想。所以我并不认为《西游记》这部小说展现了我们这个民族应有的一种精神,尽管它的文学造诣很高、想象力非常丰富。"

所以,如果你和我没有能力阅读诸如《大唐西域记》或《大唐大慈恩寺三藏法师传》这类的史料,我们心目中的玄奘,很可能就会淹没在那奇诡变幻的神话妖魔世界了。其实,又岂止是《西游记》呢?在《红楼梦》之前,中国古典小说好像都是在英雄传奇和神魔鬼怪的套路里打滚的,从没有从哲学的意义去思考生命的本质和反映人生的悲剧。到了《金瓶梅》,好不容易与这样的人性意义摩肩接踵了,但末了还是被津津有味的性描写喧宾夺主了去。

据说,百家讲坛最初找钱文忠,是让他讲《西游记》的。但钱文忠却讲了现在的《玄奘西游》。他几乎完全抛开了吴承恩,而是以他渊博的学识和现代的意识,为我们重新诠注和再现了一千四百多年前的佛学家玄奘孤身一人,翻雪山,穿沙漠,远赴印度求法的动人历程。玄奘感人的信念、坚韧与智慧,是吴承恩小说不曾有的。钱文忠于是说,"像玄奘法师这样的人物,在人类的宗教历史上,在人类的文化历史上,如果要寻找一位跟他非常相近的人,或者说足以与他比肩的人物,实际上都很难"。

在《玄奘西游》之前,曾看过中国与日本 NHK 二度合拍的《丝绸之路》。因为是中日双方耗时两年的精良制作,最后赋予了这部片子诗一般的气质。片子细腻之余,基调也与以往有所不同,显得很平淡,很平和。即使在讲述 20 世纪初,那些西方探险家将丝绸之路沿途洞窟壁画大肆剥掠和运走时,电视镜头的语言和娓娓道来的旁白,依然是平和的。但恰恰正是这种开放平和的调子，却让我们的心无法不隐隐地痛。

也于是，看了钱文忠的《玄奘西游》，我们同样会为一代一代的学者，仍能以独立、自由的思想，在还是相对无奈的社会大环境与对中国传统文化苦苦眷恋的夹缝中游走的精神肃然起敬。在《玄奘西游》的最后，钱文忠说："金无足赤，人无完人。谁都不能否认，玄奘是个伟大的人物。只要谈到玄奘，人们就会想起鲁迅那段掷地有声的话：我们从古以来，就有埋头苦干的人，就有拼命硬干的人，有为民请命的人，有舍身求法的人……虽是等于为帝王将相作家谱的所谓'正史'，也往往掩不住他们的光耀，这就是中国的脊梁。"

吴越钱氏，人才辈出。钱文忠也是继钱穆、钱钟书、钱三强和钱伟长而出的后人。但钱文忠的粉丝们，现在都喜欢亲切地唤他作"潜艇"。嗯，潜艇。

飞

春天的南方是一幅硕大的水墨画,只是水墨得比较恶劣。到处水洇洇,潮乎乎,软耷耷的。

我走过这幅了无生气的水墨图,站在大野洋子的 Fly 跟前,更多的是因为对列侬的怀念和热爱。洋子曾经是列侬的女人。

安静而空寂的大厅,除了洋子的装置作品——几十口栽着人造松柏的棺木和一些具有象征意义的挂图外,其实最吸引人的仍然是她从前与列侬的一段黑白录像资料。列侬一边自弹自唱,洋子静如处子端坐一旁,一曲终了,两人深情拥抱,录像资料自始至终都回荡着甲壳虫乐队动人的旋律。坐在那里静静地听着看着,人就好像被它带回到了那个激动人心的年代。在那个年代,他们的歌声不仅永远改变了所有音乐的面貌,也改变着人们的精神,约翰·列侬对美国人说:在艾尔斯之前,这儿什么也没有!他也对世界说:《给和平一个机会》。而 Fly 的主题也不外是和平与爱。——瞧瞧,大野洋子与列侬就像一个影子,他们始终难以分割,尽管她一直是个独立的观念艺术家。

都说大野洋子是当年导致甲壳虫乐队分崩离析的直接原因。因为这个,我也本能地对洋子有所抵触。本来随 Fly 一起来的还有大野洋子本人及她的表演,但最后还是不了了之。这些年来,见过本地好些搞艺术的做的概念艺术,给人的感觉都很黄很暴力,就像一些搞文学的一样,比较喜欢直接和粗暴地把个人的经验和感受带给读者或参观者,真是看了怕怕,很怕怕。所以连带着对其他通道的这类艺术表演也恐惧起来。也于是,洋子不来倒是好的吧?那就让我们一起回味一下当年的《昨天》罢:昨天,所有烦恼似乎很遥远。今天,烦恼仿佛就在眼前,噢,我信奉昨天。猛然间我已不再是自己,一片阴影笼罩着我,噢,昨天到来得太突然……

绿了芭蕉

两个大美人。一个是林大美人,还有一个是关大美人。当然美不美的,实在是各花入各眼了。我更喜欢林青霞。关之琳眼距狭窄兼过分瘦削的瓜子脸,显得有点命薄,似乎预示着她以后的命运也不会太圆满。

宋元词人蒋捷的《一剪梅》也美的,但也有点残酷:流光容易把人抛,红了樱桃,绿了芭蕉。它生生地把女性风华转眼即逝的无情道尽了。我想,上了年纪的女性对这样的词句是很敏感的,那些曾经风光曾经走红的明星就更加敏感了。

关之琳不久前,就好像突然对这个世界意兴阑珊了。她不仅把自己很多的华衣美服都送给别人,还懒懒散散没好气地告诉记者:无心恋战了,只想尽快彻底脱离娱乐圈。后来她还说,想尝试在别的领域发展。

林美人比起关美人,运气似乎是好的。四十岁的时候,林青霞及时揪住了爱情的尾巴,成功嫁作商人妇,做了邢李源的第二任妻子。邢李源很有钱,是 Esprit 的老板。我以前经常买 Esprit 这个品牌的服装,但自从邢李源抱走了林大美人,我就再也不买了。觉得他得到太多了,我的那份就省了吧。

但林青霞做了邢太太后,偏偏一直没能为邢家生个男孩。邢李源是广东客家人。客家人和潮州人在广东可是最重男轻女的两个族群。如果生不出男丁,这豪门大婆的位置可就危危乎。所以林青霞与邢李源的关系一度闹得非常非常紧张。

可没想到这一闹,竟把林美人的"自主"意识给闹出来了。看来林道静在任何时候和任何社会制度都存在啊。林美人发现,豪门果然深似海。一番痛定思痛,林美人开始寄情书画。她拜访季羡林,在明报写随笔,画画写字。我曾经读过她一首拙稚、朴素如小学生的梨花诗。林青霞后来对别人说,60 岁想成为一名艺术家。我觉得林青霞始终是可爱的,只是这话说得有点满了,真正的艺术家是那么好当的么?反正默默写慢慢画就好了。

从林大美人和关大美人的命运,我们见证了女性是怎样地从繁华轻飘飘而又很无情地跌入无法抗拒的落寞。而越是热闹的娱乐界,这种新人笑旧人哭的境况就愈显惨烈与悲壮。只是她们为何非要等到"把人抛"的关头,才猛然地转身要找回那虚幻与浮华下的真实呢?

风，吹乱了木槿淡红的叶

早晨的阳光，从一扇窗户照射进来，落在窗台上那盆木槿的淡红色的叶子上。

几乎总是从这么一个阳光明媚而又美好的早晨开始，一个老教授和一个他从前的学生又开始了他们每星期一次的对话。这也是一次次倒计时的对话，因为老教授已经罹患重病，身体羸弱，奄奄一息。但这位老教授面对残喘的生命却从没有一丝恐慌和遗憾，每天还是满怀着爱去感受最后的生活和生命。

他说，"是的，我每天都从窗户看外面的世界。我注意到了树上的变化，风的大小。我似乎能看见时间在窗台上的流逝。这是因为我的时间已经到头了，自然界对我的吸引力就像我第一次看见它时那么强烈。"

因为时间的流逝，也因为对人生还有那么强烈的眷恋，他于是不停对他的学生强调"爱"——这样一个话题。他虔诚地相信"相爱或者死亡"这句箴言。如果没有爱，就只有死亡。

这位老教授是美国人,名叫莫里。他的学生叫米奇。

莫里教授以他微弱的力量对米奇诉说着他对世界、自怜、遗憾、死亡、家庭、感情、衰老、金钱、爱、永恒、婚姻、原谅等等人生哲学的看法,最后还谈到了比较有趣的"自己的文化"的问题。

莫里对米奇说,"我们(现在)的(大众)文化并不让我们感到心安理得。有时,你需要十分坚强地对自己说,如果这种文化没有用,就别去接受它。"

有点意思的是,莫里教授所怀疑和拒绝的这种美国大众文化其实很大程度上也是我们现在的文化。比如,"……我们总是忙着寻找。我们总想不停地得到新的车子,新的房子,新的工作。但到最后发现这些东西同样是空的,于是我们又不停地奔波起来。——我们的文化总是不停地对我们灌输:拥有吧,拥有得越多越好;钱越多越好;财富越多越好;商业行为越多越好;女人嘛,必须苗条;男人嘛,必须成功。"——最后,以致人人都相信这样的生活态度就是真理;这样的文化就是我们必须吸收的文化。

但莫里说,我们其实可以不要这种文化。我们可以自由地思想、评判、然后选择,并最后建立自己的文化。记住,是自己的文化。——是呀,我们不一定必须拥有一辆车,我们可以永远坐公交车或出租车啊;我们可以不再去拥有更大的房间,而是把余下的钱买书、买音乐资料、尝遍美食或去旅游啊;我们为什么非要获得一种自以为是的成功,而不能享受当一名普通劳动者的乐趣呢?我们也可以放弃过度的忙碌,为自己腾出更多的时间去面向大海,看春暖花开啊!——可以的,完全可以的。它就是我们自己的文化。

　　而对于莫里教授来说,他"自己的文化"就是要付出爱,要有同情心,要有责任感。我想,这也应该是我们追求的文化吧。他还真诚地感受着别人的思想,并且非常享受作为一名教授与学生、与他人交流的快乐。而我也正是从他身上,才豁然明白了一个终生为教者的快乐缘由。

　　……后来的一个周末,当早晨的阳光,再次从那扇窗户照射进来,那些淡红色的树叶却从木槿上掉落下来,莫里教授死了。

　　然而,莫里教授和他学生的谈话却仍在继续。因为作为美国一个著名作家,学生米奇·阿尔博姆,最终把莫里教授这些醒世箴言缀成珠链,写进了书里,书的名字就叫 *Tuesdays With Morries*(《相约星期二》)。

数学人生

LJ,是我的一个旧同事。LJ 的一个伯父是我国很有名的经济学家。LJ 自己的父亲和另外几个伯父虽然不是经济学家,但据我所知也是从事与数学有关的工作。这是一个数学大脑特别发达的 L 姓家族。

因为常跟数学打交道,LJ 的思维和生活都非常数学。数学,应该是他人生哲学的一个部分。

在公司那阵,我与 LJ 共同主管市场方面的工作。LJ 曾给了我很多以量化、科学看待事物的启示。我这个人从小就是数学白痴,平素买几棵菜的钱都算得非常弱智。我常常想,如果这个世界上只能让我选择以数学谋生的话,那么我会果断地选择自杀。但在我和 LJ 共事的时候,我却可以赋予市场研究和推广一种艺术和感性的东西。所以我与 LJ 的合作非常愉快。

有一次,我与 LJ 坐在办公室,我们面前放着一只黑色的手机。LJ对手机的硬件技术和数据支持理论滔滔不绝，而我则对那只手机的外形设计不以为然。我说，那些愚蠢的手机开发商为什么不把它的外形设计成一只趣味的香蕉或茄子什么的，而且外壳可以用软塑料，这样它就不会摔烂。——LJ当时看了我半天，没有说话。然后我们相视大笑起来。

在生活中，我一直都以为那些纯粹的工科生，他们的人生一定也像他们的专业：虽然科学，但会乏味。但LJ改变了我的这种看法。

LJ说他从小就以精确的数学态度来规划自己的人生。比如，他规划自己要在26岁结婚，28岁生娃娃，30岁买房子。……奇怪的是，到达钟点时，LJ的目标全都一一实现了。现在三十多岁的他已经是一家资讯公司的副总裁。

无独有偶，美国著名影星施瓦辛格也是以数学来规划人生的。他先是按计划成为了全美国健美先生，然后成为了电影明星，再然后是加州州长。施瓦辛格最后的目标是要当美国总统。我觉得，他一定会成功。

当然，并不是所有人的人生都应该像LJ或施瓦辛格那样。但它真是能给我们启发。

在香港的一些国际银行，前些年突然招募了一批专业的音乐人材。银行与音乐，这似乎是风马牛不相及的事情。但那些银行家们说，他们有时很需要天马行空的艺术灵感来启发和颠覆他们过于精确的思维。——这是多么有趣的事情。科学和艺术的确是人类最美丽的姐妹花。

我想,今天的互联网如此迷人,也正是这两大领域完美结合的体现。这也是我为什么在IP行业最迷恋"微软"这个名字。微软……精确的,纤细的,却又是柔软的,很女的……

淡抹 (油画)

美学启蒙

我们的童年,没有什么色彩。既听不到施特劳斯五彩缤纷的圆舞曲,也看不到米勒田园风光里的恬静与绚烂。因为那时,每个大人都在忙于斗争和生存,没人顾得上告诉我们什么是美。我们于是从小对生命、生活美丽的认识显得很贫乏。

但在我依稀的记忆中,美依旧是顽固存在的;人们对于美的感觉也是顽固进行的。我仿佛还记得6岁时,10月午后的天空比现在柔和;家里远方的坡地有一片白花在风中摇摇晃晃。而给我童年时代最深刻美学启蒙的,则是当时一些花棉布。

我的母亲那时最爱自己动手做衣服。为我们做,也为她自己做。每当一个崭新的季节即将来临,我母亲就拽着我来到花花绿绿的布匹市场。这往往是我最快乐的时候。我喜欢在一匹匹眼花缭乱、散发着淡香气的花布里跑来跑去,摸来摸去。棉布那种温暖柔软很像母亲抚摸孩子的手。最后,我发现自己很喜欢这样一些棉布:淡雅的杂花、细碎的格子,以及轻飘飘的白。它们象征了日后经常交替出现在我感情中的几种情绪：热情、忧郁和温柔。

就这样，我穿着常常由我自己挑选的花色，母亲为我缝制的棉布衣裙成长着。童年印象中最难忘的棉布，是当时飘在我床沿上方的一张棉布窗帘：粉绿底子，然后无数的蒲公英在飞扬。

直到有一天，大人们停止了斗争。我和其他孩子一样，开始听到了施特劳斯的圆舞曲，也听到了从米勒田园传来的悠扬牧歌。这一类曲子和画面，以后成千上万次地感动着我。而童年时花棉布给予我美学的启蒙使我在第一次听到、看到它们时，似乎并不陌生。因为它们都拥有一个共同的范畴：美丽。

时至今日，我仍对花棉布有一种温柔如水的眷恋。简简单单的花棉布，不仅在那样一个苍白、乏味年代启蒙了我的美学意识，而且也培养了日后长大成人的我对服装、色彩、构图优良的审美直觉。怀着这种如水的眷恋，在我24岁那年冬天，我从一个晴朗的礼拜天开始，花了3个月时间，一针一线将梵高的《向日葵》歪歪扭扭地绣在了一张香喷喷的白棉布上。当向日葵完整而巨大地开放在白棉布上，冬天结束了，而我已经25岁了。我用绣有向日葵的白棉布，做成一床被套。从此，美丽的向日葵就日夜、温暖地开放在我的身体上。

时髦表情

闲暇时,爱翻翻时装通讯、电影画报或看看 MTV 什么的。这些生动的画面,很能使人足不出户,也可以感受和掌握世界时尚潮流和女性千变万化的时髦表情。

谈论女人时髦表情,一向是件有趣之事。50 年代女人的时髦表情是典雅、完美;60 至 70 年代是反叛、斗争;80 年代是独立、坚强;90 年代则处处流露迷惘、绝望与妩媚。

这种新时髦表情的特征是头发凌乱,双眼迷离,朱唇微启,神情绝望,外加一股大劫大难后的平静与无畏气质。只要细细剖析这种表情,倒是可以帮我们窥视某种社会、文化动向与风情的。

先说头发凌乱。较之以往女人流畅、整齐、精巧的发型,今日流行的不拘形式、散乱随意、长短不一的发型其实是一种审美的发展和进步。它冲破了规整、划一、单调和呆板。区区发型如此,人的精神与行为何尝不是如此?一个服装设计师曾说,他最爱看一整队的模特儿从舞台的尽头大踏步齐齐走来,她们那会儿飘飞的乱发，分明也散发着自由、解放的气息，那种气息像野风、烈日，常令人激动不已。

再说朱唇微启、眼神迷乱。这倒是一副典型的性感表情。从90年代开始，性作为一种文化始终是我们生活中那些骚动和激情的晴雨表。人们正视性，并越来越热衷表现性。以一贯激动人心的美国好莱坞电影来说，一旦脱离了性，它的辉煌与灿烂不知要黯然多少呢。所以若是某个女性在今天拥有一张丰润厚实的红唇和一双如烟如雾般迷濛的眼睛，总是应景的。

再次是神情绝望。这一表情无非反映了现代人最敏感的精神状态：孤独。

最后就是大劫大难后的平静与无畏。总觉得今天女性时髦表情中少了六七十年代咄咄逼人的反叛和张牙舞爪的激烈是件好事情，反叛、激烈可以表现一种行动的魅力；但平静和无畏则有着一种哲学意义的大彻大悟的美感。这种美感便是温柔、妩媚。

只是女人的时髦表情如同广告，一向具有传染力和杀伤力。现在女性的时髦表情和性感表情已经在所有的季节泛滥一片了。我们于是开始怀旧。

剩蛋鱼块

转眼又是一年。虽然已经老大不小了,可到了年末,还是孩子一样高兴的。因为年末,也就意味着一个个节日接踵而来了。先是"剩蛋",然后"圆蛋",再然后是春节和元宵。

节日,总会较平时喜气的。所以我喜欢一切或洋或土或雅或俗的节日。每年的12月上旬,我会把家里那个装着一棵大圣诞树的纸皮箱取出来打开,然后让憋屈了11个月的圣诞树折起的松枝重新舒展,再在它上面挂满各种各样的饰物和彩灯。那些悠悠地闪了灭、灭了闪的圣诞灯会让家里顿时流动着童话一般的温暖。

我们这儿也喜欢过西方的圣诞和情人节,应该有十多二十年历史了吧?虽然可能很多人到现在也不清楚圣诞节的来龙去脉,可大家还是高高兴兴地过了。去年的圣诞前夕,有人开始对中国人过圣诞提出了质疑,后来好像还升华到了文化与国家的高度。这样的质疑和升华,是否有点草木皆兵呢?一个国家的文化与传统风俗不会那么轻易就会淡化和消亡在一个西方节日里的吧？相反倒是热衷到了某种程度，它反而会令我们更加眷恋自己的文化与传统。细细观察一下，发现身边也是年纪越大的人，就越喜欢过中国的传统节日。

现在喜欢过西方圣诞和情人节的，大多数还是年轻人，尤以白领居多。西式节日的浪漫和欢乐迎合了他们浓郁的小资情调。所以，每年圣诞和情人节前夕，通常也是商家们神经高度兴奋的时候。什么圣诞大餐和朱古力的，现在早已不入流了。那些小资MM要血拼购物，要高级时装，要钻石白金，要北欧的旅游套票——当然，买单者不是MM自己，而是那些傻瓜男人。

所以，浪漫的西式节日，又总是奢侈的。

中国的节日倒奇怪，好像老是和吃有着牵扯不清的关系。每一吃，都有典故。春节，北方吃饺子，南方从前家家要炸油角和煎堆；元宵，大家吃汤丸，端午，吃粽子；夏至，广东人要喝冬瓜汤；中秋，吃月饼……反正一年到头都是吃吃吃！吃过了，节日也就算正儿八经地过了。

除了月饼，从前那些饺子、油角、粽子、汤丸……都是要一家人促膝一点一点共同劳作出来的。那真是很温馨的风俗画面。记得小时候，那些白面团团和馅料要被我一双笨拙的小手捏搓成像样的油角或汤丸，该是多么的困难，最后我总是气恼地将它们捏成了一块块面疙瘩了事。但即便这样，等成品被母亲端上桌，我还是迫不及待要地找回自己捏的面疙瘩。那毕竟是我的"雕塑作品"啊。

但这些从前过节才能吃到的食品,现在超市也长年供应了。试想元宵节,现在还有谁会静静地坐在昏黄的灯光下,揪下一块软软的糯米粉慢慢揉搓成一只圆碌碌的汤丸呢?没有了,也许永远没有了。我们于是也少了很多节日共同劳作的乐趣,少了节日共同创造的乐趣和温馨的细节。而没有细节的生活,是没有美感的生活。最后我们很可能把这些原本属于劳作乐趣的时间,也都给了无所不在的网络。在鼠标一次次无意识的梦游中,我们让自己的情感、情绪也得到一次次虚拟而苍白的平衡。

圣诞平安夜,圣诞的火树银花会在世界很多地方熠熠生辉。紧接着,我所在的城市将桃花盛开,金橘遍野。——桃花和金橘,是我们春节的植物元素和花卉物语。如果这时你想用画笔记下这两种美丽,我想,没有比用油彩描摹圣诞树,用水墨描摹桃花金橘更合适的了。

最后,就让我祝您"剩蛋鱼块"!发现没有?圣诞到了中国,还是与吃有关哩!

激情问题

小红,是我们的一个小朋友。

小红极聪明。记得,我们像她那般大时,可不如她聪明。我们那会儿,要么见到英俊的男人就会害羞;要么只知道和朋友一起很无聊很文艺地讨论生存的意义。

但大凡聪明的女孩,也总是有着许多普通女孩不曾有的烦恼吧。小红就常常自寻烦恼,而且是那种有可能上升到哲学高度的烦恼呢。

我觉得,这点既使她老成,也使她可爱。

那日黄昏,我家的电话铃响了,是小红的。她万般无奈地抱怨现在的生活怎么那样平庸,还一针见血地指责我和我的几位女友,又怎么能够日复一日地容忍这种毫无激情的生活?

小红说,我多么渴望激情的生活啊。

我不知道对小红说什么。我记得自己好像也不曾有过什么特别的激情生活。大概二十多岁时,我屁颠屁颠地跟着一帮大学生听他们很愤怒很激昂地谈论文学、艺术和男人女人,便是我那时的全部激情罢。

然而,这种激情已是那样地遥远,就像从前的人现在偶尔听到约翰·列侬的歌,才想起,哦,我还曾经有过那么一段激情生活。

那天黄昏挂上小红的电话后,我坐在硬板凳上愣了一刻钟。我发现,原来自己竟是个不太留恋激情,甚至有些害怕激情,及至要远离激情的人。

如果今天有人非要我选择一种情不可,那我只会选择温情。

有好几回看到电视里迈克·杰克逊暴风骤雨般地歌唱,竟把成千上万的美国人折磨得要死要活,我就觉得莫名其妙。大概那是美国式的激情吧。西人一向喜欢以张扬的、爆发的形式宣泄情感,而东方人却内敛、含蓄得多。

慢慢,就觉得这含蓄真好。

我想,大概自己是老了的。

老了的我,现在到了舞厅,只想跳情意绵绵、摇摇摆摆的慢四。而一当的士高平地炸起,我就要捂着心脏逃之夭夭。

老了的我,现在感到如果爱某个人就要爱得死去活来,更是件异常恐怖的事情。我现在若爱某人,那我只会轻握他的手,好好陪他一段。

就在激情的日子一点一点离我远去的时候,我并不觉得生命不能承受之躁动之剧烈之激情有何不妥。况且有那么一些情景,如夕阳西下,黄叶飘零,美人迟暮,它们绝对是另一种极致的美。

激情问题,于我不是问题。

红灯笼

去年圣诞平安夜,沈公子带领我和梅等人到沙面玩。圣诞节,哦,只要一切带点洋味儿的节日,沙面这地方就都显得格外浪漫和应景。

那一夜,沙面那些并不宽敞的人行道上,黑压压的全是走动的人。走动的人们笑着说着闹着。沈公子就对我们说,若是古时候,你们也只能趁今夜找自个儿相好的,然后待到明年再相见了。

我们就叽叽嘎嘎地笑,说那是元宵节罢。

可后来经过白天鹅,还真的看见一座元宵花灯节上才应该看到的由数百个红灯笼组成的灯山呢。那些红灯笼足足有四五米高,全都亮闪着。我们几个女人看得满心喜欢,想起刚才沈公子的话,倒真也觉得这红灯笼和这如潮的人流似梦似幻,古今难辨。

去年元夜时,花市灯如昼。
月上柳梢头,人约黄昏后。

今年元夜时,月与灯依旧。

不见去年人,泪湿春衫袖。

　　走在平安夜沙面的冷风里和红灯笼旁,我们穿着美丽的裙子,迎着男人们温暖的目光,我们是没有这首诗词里所流露的那种失落的。我们很快乐,虽然这种快乐不是每天都有的,而是只当人们都在同一时间搁下了工作,抛却了烦恼,并看到红灯笼高高挂起时才有的。

　　红灯笼便是这样被我视为是一种幸福和欢乐的象征。我于是每每看到红灯笼,就会雀跃。

　　在广州,不知从什么时候起,越来越多的食肆也纷纷通宵达旦地亮起了红灯笼。红灯笼下,人们的脸蛋红彤彤的。红彤彤的他们喝着酒格外地豪气。因为大红灯笼高高挂的周围是现代化的石屎屋、玻璃墙和霓虹灯,红灯笼就不知不觉地成了一幅幅美丽的风俗画了。它常让我想起陈逸飞画中的美女和从前秦淮人家船儿飘扬而出的歌声。

　　很快地,元宵节又要来了,更多的红灯笼又会挂起来了。后来有朋友对我说,你那么爱红灯笼,干脆元宵就到西安看"社火"罢,那会儿,西安满街满巷都是花灯,满街满巷的孩子也会唱着"灯笼会,灯笼会,灯笼灭了回家睡"地在你的膝边钻来钻去……

　　我想,那些孩子的歌声,也一定会像站在阿尔卑斯山脚下的男童齐声歌唱《维也纳森林的故事》那样美丽和动听的罢。

老房子

比起广州，在上海独自逛逛马路店铺好像要安全得多诗意得多。有年春天，我恰好一个人在上海呆了数日，于是就那么安全和诗意地逛了几回。

很奇怪的是，每回我都没买什么，感觉上海为女人提供的东西跟广州、香港差不多。后来有日下午经过老锦江，瞥见拐角那里有一间漂亮的玻璃房，玻璃房里错落地摆满了装帧精美的外文书。一瞬间，恍惚感觉自己正身处伦敦或巴黎的某个街角。当然，上海许多的景观都常常令我产生这种美妙的错觉。

我轻轻推开玻璃门进去了。在那堆外文字母中倒是极醒目地跳出了三个字，老房子。我翻开一看，里面全是皖南徽派民居的老房子黑白照片，心里喜欢得不得了，付过钱，马上抱着两本砖头一样厚重的《老房子》回了旅馆。

后来上海一个男孩告诉我，他曾经在安徽黟县那些老房子中流连了一个月，那一个月里，上海啥模样，他全忘了。

我相信男孩的话是真的。光从画面看,那些成片成群浩浩荡荡的老房子就够令人神往的了。泛着水光的青石板、雕梁画栋、水榭回廊和绩溪上庄胡适先生当年的旧宅子,还有那些隔窗上的木雕《兰花图》。

"百里烟霞,桃花沾衣"。如此美丽的意境,它只能属于黄山脚下的老房子。

记得那天下午,我呆在锦江饭店,就着从窗外涌进来的上海春天的阳光,看着读着那些老房子,想着念着胡适那首委婉凄美的《兰花草》:"我从山里来,带来兰花草,种在小园中,希望花开早,一日看三回,看得花时过。"……直到上海城暮色四起、华灯初上。

在我通过画册了解了皖南老房子后的一年,我又认识了一位画家朋友应天齐。那次,应天齐将他许多幅来自安徽黟县西递村老房子的版画挂在了广州的一个展览厅里。他告诉我,他在黟县的老房子里呆了整整八年。

都是热爱老房子的人,看到应天齐和他的版画,就有种莫名的亲切。因为应天齐那些忧郁而美丽的老房子版画,西递村现在已很是出名了。张艺谋、陈凯歌的电影《菊豆》《风月》都将南屏村、宏村的老房子非常艺术地拍进了电影,但人们知道更多的是应天齐版画表现过的黟县西递村老房子。

后来我还看了西递村人为应天齐建的一间艺术馆照片。它就坐落在西递村子里,昏黄的灯光、昏黄的长廊,长廊的板壁上挂着一幅幅源于老房子灵感的版画。

我对应天齐说,我很想和女友去西递村看看真实的老房子,看累了,我们就躺在你那间艺术馆的木板地休息。

应天齐说,除了冬天,春夏秋季来都是好的。

从前,江南江北春天里一望无际随风摇摇摆摆的黄灿灿油菜花地一直令我魂牵梦萦,如今又多了"桃花源里人家"的老房子。我想,趁着那些油菜花儿还在飘香,趁着那些老房子尚未坍塌,我是要尽快去的。

深度呼吸

深度呼吸听起来就像是好莱坞惊悚大片和情爱大片。其实不然,它只是那个春天曾经荡漾在沪上苏河艺术的一个画展名堂。而发生在这个春天里的深度呼吸是来自一大批的女性艺术家。这样一个颇具规模的群体呼吸,据说是为了改变人们观念中女性视觉艺术里很女人、很私人化、很秀美细腻的印象,而最终是想将女性与男性视觉艺术的区别钝化与模糊。——我就有点不大明白,很女人的、很私人化、很秀美细腻的视觉艺术难道不好吗?

其实很多时候,生活中我们往往欲极力改变和模糊的东西却偏偏会得到强化的。我觉得深度呼吸这四个字恰恰流露出现代女性的流行特质。——深度呼吸,多么性感、多么气喘吁吁和湿漉漉啊,它仿佛充满了江南春季稠密的雨水与温润。

当然,现实中只要女性文化行为以一种群体出现或多或少总会闪动着女权主义的光芒。而女权主义在表达她们的生存困惑时,又常常喜欢强调她们的压力在各个方面甚于男性。比如她们除了创作、工作,还要肩负家庭与孩子的重担云云。深度呼吸画展也不例外地发出了这样一种强悍和抗议的声音。这就比较容易给人们造成一种印象:家庭和孩子是与女性生存相对立的东西。

不记得哪年了,曾经看过这样一些资料,说是当今中国男女运动员的体能对比国际标准,女性运动员已经非常接近国际标准,但男性运动员则相差很远。我想,中国女性,尤其是城市女性又岂止是体能已经很优秀了呢?她们的精神能力也较之中国男性更激越。女性们再强悍、再深度、再力量,怕是中国的男人们更加吃不消了。

美国20世纪女权运动最盛行的时候,女性也是选择了与所谓的传统彻底决裂,她们放弃家庭,尤其是大范围地放弃了生育。当激进的时代过去以后,那些女权主义者却后悔不迭。所以动辄把女性生存的困惑与家庭孩子等同起来实在是轻率了。毕竟地球上所有人类创造的荣耀与历史最终得由一代代优秀的人传承,生活首先是生命的活动和人的生活。也就是说,生活其实很简单,女性的生活其实也很简单。

不知为什么,我对女性过分的强悍和过分的强势总是打不起精神。倒觉得大多数情况下,女性选择尊重天然、顺势而为更好一些,与其与男性硬碰硬地挑战决一胜负或决一生死,不如各自头顶一片天,以柔克刚,滴水穿石呢。深度呼吸毕竟难以持久,那就让我们自然地呼吸、柔软地呼吸。

曾经的传奇,曾经的浮游

因为有一个周年纪念活动,美术馆的展览活动这段时间此起彼伏,接连不断。星期天,索性来一次大扫荡,看了三个主题展览。最喜欢的要数那个题为浮游的前卫展览了。它介绍了上个世纪三十年代中华独立美术协会与广州、上海、东京的现代美术。

透过整整五个分馆——那些带着大半个世纪风尘的幅幅画面,一种独特的历史风情,一帮年轻的南方艺术家曾经的传奇,曾经的浮游就那么真切地展现在我面前。

大批大批的中国学生前往日本留学,从近代中日文化交流开始,就一直是个热点。上个世纪三十年代,广东有一批年轻的艺术家,他们也先是浮游到日本,拼命在那里感受日本率先感受的西方文明,并热烈地融入了当时东京洋画界已很前卫的美术团体活动。以后这帮小广东艺术家,又辗转浮游上海回到广东,并创办了中华独立美术协会,在这三地展开了一系列艺术活动。

这个由当时广州、上海、东京三个东亚近代都市织成的美术网络,虽然单薄而短暂,却肯定为那个沉闷的年代平添了一段中国现代美术的传奇。

听说展览花了很大的精力收集画作和史料,很多作品也是直接由日本收藏方面提供。中日双方一起布展,展览相当精致细微。当你从第一部分——从东京出发,寻找越境的超现实主义之梦开始;然后细看广州的洋画版画;再看上海当时美术混杂的独特画面;最后终结在抗战无法超越的现实……参观者也恍若在近代的广州、上海、东京浮光掠影地游了一趟。尽管浮游得不很深刻,不很强烈,不很漫长,但却是浮游了得。有点像这个时代虚拟的概念与感觉。

自然,这种感觉也有点像广州的初冬。早上出门,穿着薄薄的短大衣和绒裙还有几丝寒意,但从展馆出来,珠江两岸的阳光却已经热闹如夏……气节交错,时光交错,如梦如幻。经过小书店时,又取了一本陈丹青和一本黄永玉。站在阳光里,随意翻开其中一本的123页,但见丹青闲闲写道:"……好习惯。我喜欢独自看画。五分钟后,我们就在展厅人丛中分开,隐没了……"

LV 的浪漫旅程

LV，应该是个比你和我爷爷奶奶的爷爷奶奶还要老资格的品牌了吧。已经一百五十多年了，它那经典的时尚就那么一直以独特的字母 LV 和一朵美丽花儿纠缠着在全世界星星点点地绽放。而到了今天，LV 崇尚精致、品质、舒适的"旅行哲学"，又何尝不是我们生活中最传奇最渴望的一章？所以这就难怪许多人都想拥有一只 LV 了。当然，前提是，你得有大把的闲钱，因为它真的很贵。

我没有 LV。但眼睛却很不争气，经常被它的广告所吸引。一线的品牌，必定也是一线的代言，一线的设计理念。看这样的广告，自然会是一种难得的视觉享受。

很喜欢 LV 在今年最新一季推出的广告系列。与往常以大自然作背景，或明星单纯的 Pose 不同，这一组广告弥漫着浓郁的文化气息，它就像几个经典的电影或新闻镜头，有点故事，还有点动感。

一共是三辑。第一辑：是法国著名女演员德纳芙，在一个老旧的火车站，坐在一个 LV 的旅行箱上。德纳芙依然是那么优雅，她的气质和 LV 的历史在有限的空间完美地融为一体，让人联想起电影《巴黎最后一班地铁》里她与德帕迪尔一段如旅途中的风景一样不确定的爱情。

第二辑：是网球明星阿加西夫妇在酒店相爱相拥的图片。这张广告，倒是表现了他们在旅程中一种确切的爱情。

第三辑：在我看来是最有质感的。Mikhail Gorbachev 坐在行进中的小车里。但车外斑驳的背景，不是别的，而是著名的柏林围墙。

最难能可贵的是，三辑广告图片的代言人都不年轻了。尤其是德纳芙和 Mikhail Gorbachev。德纳芙前不久才刚刚过完 60 岁生日。让一个 60 岁的女人，代言某个时尚品牌，搁在我们这儿恐怕是难以想象的吧。我们大概只会选择那些美艳而年轻的女明星。中西文化的不同审美也由此可见一斑了。

有关 LV，我曾听说过许多女孩子与它的故事。在日本，有的女孩子为了拥有一只 LV 手袋，居然可以坚持半年吃泡面来省钱。也许有人觉得她们傻，她们虚荣。但我不觉得。一个人是自由的，是可以有各种各样梦想的。如果一个女孩子认为自己的青春能有一只 LV 陪伴着度过会很快乐，那为什么不呢？

在广州，除了真正的 LV 品牌店，竟也有个别皮具城公然出售"LV"的。当然这些皮具城的"LV"只需要几百或几十元，因为那全是假货。据说，有一年法国 LV 总部的人来到这座城市，面对皮具城的假 LV 竟一时也真假难辨。真是假作真时真亦假。法国人无奈地摇了摇头,转身走人。所以,在广州,一个人选择 LV 也许是要冒很大风险的。因为无论你拎真的或假的 LV,人们都可能认为你拎的是假 LV。那么,你也许会问,这座城市真正的 LV 都被谁买去了呢?嗯,这也正是我想知道的呢。

蕾丝 (油画)

或春或夏

　　春天就像一个不大懂得矜持的姑娘,已经迫不及待地与夏季交错重叠了。于是赶在了最后一天看刘海粟的画展。要么最先,要么最后,好像比较喜欢这样子。展品一共六十多幅,国画和油画都有。展厅的过道处把刘海粟的梅园图松松洒洒地扩放成银幕一般大。人缓缓地贴过去,就仿佛一头扎进了清冷而又浓郁的梅花芬芳里。

　　展厅游人甚少,静得可以听到自己的呼吸。一幅幅的画面一团团触手可及的油彩,已经凝固了七八十年。刘海粟是个长寿的画家,几乎活了一个世纪。很奇怪,发现画家总体上好像要比作家长寿些的。现实中接触的画画朋友,他们的性格也比较可爱,似乎比写作的人来得更快乐更率直。也许作家们总在思想,而画家们更多的时候是在感受和劳作。思想是深刻的,但往往也是痛苦的、孤独的。前阵子听到吴冠中老先生口出惊言,说三百个齐白石也比不上一个鲁迅。吴老还后悔自己当初没有选择写作。

只是鲁迅不也就一个吗？现实中我们的思想已经很多了，文字也很多了，口水也很多了。实在不想写的时候，我觉得能够像油漆工一样刷刷油彩倒是快乐无比。

在画展，还有机会浏览到当年刘海粟创办中国第一所美术学校上海国画美院的大量历史图片。当然那所学校也是中国第一所男女同校和首先使用人体模特的美术学校。看到那些身穿棉布旗袍、留着齐眉刘海短发的女孩子在江南春天的油菜花地写生，觉得真美啊！那样一种女子的娴静、纯洁、书卷和干净，怕是永远、永远也没有的了。剩下的，只是画家们从前涂抹在棉麻布和朵云轩上或斑斓或水墨的故事了。

夜阑静

　　张国荣，他生前的朋友和影迷歌迷，也喜欢唤他哥哥和十仔。但奇怪，我觉得哥哥虽然亲切，却不是很合他。哥哥，有浓浓的江湖侠气，然张国荣却是贵族的、凄艳的、脆弱的。这脆弱，就像夜阑静里遗落在酒廊里的一只酒杯，杯里尚有一汪金黄的残余，但却如夜色中维多利亚港的空气一样寂静和落寞。我于是觉得，叫荣少，似乎更适合他。

　　张国荣的确也是爱酒的。他喜欢以大杯大杯的啤酒勾兑橙汁一饮而尽，很特别。荣少也非常迷恋爵士乐，喜欢搜集黑胶唱片，用他自己的话说是"中意的东西都好老的啦"。是的，他似乎总比现实迟半拍。我于是相信，他从未完全进入过这个世界。年幼时的张国荣，家境是幸福兼富裕的，后来家道中落，父母离异，荣少的山河从此破碎，以后，他只跟一个家姐最好。

　　荣少演过很多电影，但我愿意只记得这部：《阿飞正传》。英文名是 Days of Being Wild。这部电影，与其说是阿飞寻找生母的故事,莫如说就是讲张国荣本人在寻找他永远都寻不到的爱……在这部弥漫着香港 60 年代浓郁殖民文化气氛的电影里,从头至尾都流动着忧伤的气息,你甚至有时忍不住想伸手触摸在张国荣放荡不羁灵魂背后那种迷人的失落和迷惘……阴暗的街道、模糊的风景、挤逼的空间……在寻找生母的过程中,他就像当初生母拒绝他一样,他也冷酷地拒绝别的女人,最后终被乱枪打死。而至死,阿飞都没有寻到那个具有象征意义的生母。一段 Days of Being Wild。

当年的《阿飞正传》,多亏有了杜可风这个摄影天才。杜可风的镜头语言迷乱,潮湿,分裂,不确定。你几乎很难用文字描述,只能以一种纯意识或音乐的感觉去感受它。因为杜可风的摄影,张国荣在《阿飞正传》里那个忧伤的形象最后成了不可磨灭的经典和符号。这个符号,是某个时代集体忧郁的概括。

记得最后一次见张国荣,是他与蔡澜先生在明珠电视做的一个清谈节目。蔡澜当时口衔雪茄,勾兑着一杯杯酒,荣少身穿紧身圆领白 T 和皮夹克,神情闲散,让人想起美国那个 24 岁就死了的英俊少年詹姆斯·甸。之后没多久,张国荣就自杀了。

香港的文华和半岛酒店,虽然在当地算不得是最豪华的,但却是最有殖民味道的酒店。尤其是酒店的下午茶始终保持着正宗英国下午茶的传统与风情。张国荣是文华酒店的常客。文华的各个空间,都记录了他的流连。他是那么熟悉这里的每一个剪影、每一张地毯、每一把椅子、每一朵百合花,熟悉最后引领他展翅飞翔的天台……那一年的愚人节,张国荣终于像电影里的阿飞,因害怕被别人拒绝,所以选择了先拒绝别人一样,在文华酒店天台纵身一跃拒绝了这个世界……后来有人说,张国荣选择这样一个日子必定有什么含义。而我相信什么含义也没有,只是时间到了,就像海明威确信他的时间已到,然后果断地以一把猎枪击碎自己。虽然明天"太阳照样升起",但已经与他无关。

在《阿飞正传》里,荣少有一段百听不厌、催人落泪的对白,他用非常好听的粤语说:"我听别人说,这世界上有一种鸟是没有脚的,它只能一直飞呀飞呀……飞累了,就在风里面睡觉,这种鸟一辈子只能下地一次,那就是它死亡的时候。1960年4月16号下午三点之前的一分钟,你和我在一起,因为你我会记住这一分钟。从现在开始,我们就是一分钟的朋友,这是事实,你改变不了,因为它已经过去了。"

这一分钟过去了。从此,夜阑静,问有谁共鸣?荣少死后,他那惊世骇俗、程蝶衣式的爱情也浮出了维多利亚海面。同性恋。那又如何?只要真爱。还是选择四月的某个夜晚罢,再一次聆听,再一次搜寻那些忽明忽暗的斑驳影像,你我,这时只觉有一股冷冷的风,没完没了地吹,它吹红了吹干了我们的眼睛。

东京来的

从东京来的这一位,胡,是一名画家和博士。对画很有研究的同事小马对我说,胡早在去日本之前,已颇有名气。那年的那天见到胡,是在机场,我和小马代表报社为胡接风。那是春天的一个傍晚。广州春天的傍晚总是迷离慌乱的。胡便是在这么一种迷离慌乱的时刻沿着长长的乘客通道走来的。

说实话,胡并不像日本来的,他更像从美国西部来的。胡身披短短皮夹克,束紧身裤,人高高瘦瘦,远远看过去,似荒原一杆游动的枯树。

胡当时只在广州停留两天,因为要跟他共同完成一篇专业性很强的文章,那两天我就像个听话的跟班,一直尾随他长长的身影。当然,更多的时候,是手托下巴坐在珠江河畔的酒廊听胡讲他的故事。

胡早期是在中央美院学习国画的,毕业后就留在学校。后来他去了日本东京艺术大学继续深造。胡在日本追随的艺术导师是平山郁夫。我家里的书柜居然有平山郁夫的画作,不多,《波斯黄堂》《无锡翠烟》《出山》《白衣人》《牧童》等等。而平山郁夫的作品,倒是以描绘中国丝绸之路而闻名于世的。绘画作品也多是以佛教艺术为内容,他的著作《佛教传来》更是处处渗透着敦煌佛教艺术。

胡告诉我,在日本的时候,有一次他被许多日本人包围着,他们不停地向他发问。问题的内容几乎全是关于矿物颜料的美感和矿物颜料的使用及表现力。

日本画使用的颜料主要是矿物颜料。但其实矿物颜料最早却源于中国。中国的祖先曾经用矿物颜料完成了许多辉煌的壁画、卷轴画乃至陶器图案。但当它随着中国的其他文化远渡东瀛,日本人不仅认真地学习、使用并且很好地发展了它,反倒是我们中国自己却将矿物颜料丢弃了,现在反过来,倒要回到从前的徒弟那里重新学习了。

胡那天被日本朋友的发问深深震撼了。也于是,胡在日本攻读他的博士学位时,基本上丢掉了画画的本行,他选择了像一个化学家、地质学家那样潜心研究敦煌壁画、汉代壁画都曾使用过的颜料:矿物颜料。

还记得,胡在叙述这一段情节时,他的神态和语气变得温暖而遥远。我一边听,一边穿过酒廊明亮的玻璃窗眺望缓缓流淌的珠江。春天的珠江沉静而混浊,而我人却仿佛身在陌生的东京。——总觉得那就像一个电影镜头:无数个灯红酒绿繁华如梦的东京之夜,一个中国男人却在灯火阑珊处摹写着一幅幅中国古画,熨着一小片一小片金箔,捣弄着对人体有害的硫黄。然后,这个叫胡的中国男人再反复将它们实验着,最后在麻纸上或皮纸上敷出一幅幅灿烂的图画。

而胡,因为做矿物颜料实验耗去了大量的金钱,胡的头发也因为矿物颜料的化学作用脱落了许多。后来,我还是看到了胡的一些画。所有的画,名字都出奇的沉静与干净:《文字》《遗迹》《青铜》《海礁》。当我面对这些一抹抹一堆堆云烟似的金光朱红灰黑,我想,我是没理由不喜欢它们,也没理由不为它感动的。

胡轻轻地说:"很多时候,青铜器上的一块锈斑、汉砖上的一片浮泥,壁画上的细微剥痕,都会让我长久地浮想联翩和感动得泪流满面。"——就这样,胡为他热爱的艺术和历史感动,我们则为胡的精神感动。我觉得这种感动是世界上最纯最美的感情。

就这样,日子过得蛮快。每当我偶尔听到空气中飘过一段日本民谣或瞥见几张清秀的日本版画时,我就会蓦地想起我曾见过的、从东京来的胡。最近听朋友说,胡早已从东京回北京了。

没有希望,但是我还好

已经是一个很久远的歌手了,但没办法,还是喜欢;已经听丢了好多张 CD,但没办法,还是喜欢。她就是卡伦·卡彭特。

对于喜欢卡伦·卡彭特的歌迷来说,1983 年的冬天是一个悲伤的冬天,因为在美国不寻常地传出卡伦·卡彭特撒手人世的消息。这一噩耗当时不仅令卡伦·卡彭特的歌迷黯然神伤,同时亦引起公众对减肥运动的反省。因为导致卡彭特死亡的原因,是由于她过分依赖泻药减肥而引致大量缺乏钾质,心脏失去正常的工作能力。一张被誉为二十世纪七八十年代最具磁性而又洋溢着女性魅力的嗓子,从此消失在世界流行乐坛。

喜欢卡彭特的歌迷都知道,卡伦·卡彭特生前得以留下一堆隽永、美好的歌曲,除了她完美无瑕的嗓子外,也与她哥哥理查德的作曲及幕前幕后付出的心血不可分割。在美国八十年代的流行乐坛上,当时卡彭特兄妹被视为是最受欢迎的音乐组合之一。但由于他们不懂得在千变万化的娱乐世界制造花边新闻,有关卡彭特的新闻在美国可谓寥寥无几。然而这似乎并未影响卡彭特兄妹在流行乐坛的地位,相反一张张金银唱片不断旋出,电视台也争相邀请他们亮相。那段时期,最经典的曲子有我们熟悉的《旅行车票》《世界之巅》《唱》《世界末日》《再见,我爱你》《时光》和《心声》等等。

许多人认为,卡彭特兄妹是一对无懈可击的组合,仿如邻家的孩子,永远天真,永远纯情。他们联合制作的第一个音乐资料当时还脱离不了业余的气息,但歌曲中所流露的那种既对传统音乐根深蒂固的眷恋,又拽着"甲壳虫"乐队摇摆音乐影子的风格仿佛已经预示着他们踏进专业范畴的开端。

听过卡伦·卡彭特歌曲,你是忘不了弥漫歌中的伤感、凄迷和怀旧情绪的。的确,一直被视为在温室长大的卡彭特兄妹,早就让人感到他们拒绝与外界接触的想法。或许他们当时真的有点闭门造车,赶不上潮流;他们从不在乎歌曲的商业价值,只会埋头制作自己喜欢的音乐。但正因为一直保持这种简单和纯真,他们也才不断创作出许许多多好听的歌曲,并且这些歌曲成功打破了时间与音乐潮流的局限。

卡伦·卡彭特后来悲剧性的死亡,无疑是对理查德致命的打击。他甚至一度手足无措,丧失了发展的方向。后来理查德将卡彭特最后一次录音细心整理,推出了《心声》。这张唱片充满了一种难以言喻的梦幻感。自此,卡彭特时代宣告结束。

在以后的年代里,不少歌手倒是翻唱过卡彭特的。要说我比较喜欢的,应该是荷兰爵士天后罗拉·费琪 2004 年收录在她的

Song Book 中的《我需要爱》。较之卡彭特的慵懒和不经意,罗拉·费琪在歌中注入了欧洲女性现代和优雅的元素。但当反复唱到"我知道我需要爱/我知道我已经浪费了太多时间"这段,罗拉的一丝矜持,终归难敌卡彭特。松弛、奔放的卡彭特这时是不由分说地把你完完全全扔进了加利福尼亚最温暖的阳光里。然后她又告诉我们:我在这口袋装满,好的目的/但其中没有一个能让我安慰/今夜,我四点钟醒来/眼前没有一个朋友/没有希望,但是我还好……

儿童的颜色

有朋友在1月1日那天清晨打来了电话。电话里她诡秘而又娇滴滴地问,新年了,有什么愿望?我说,不想长皱纹不想太累,只想回到童年。

仿佛是对我愿望的一种回应呢,偏偏年初就有一些儿童画的画儿在城东城西、城南城北的小展览厅挂了出来。

我一个人坐了计程车去看这些孩子的画。很好很好看。看着看着,就仿佛时光倒流,自己好像也成了儿童的一分子。

尤其是站在这些儿童画面前,你没有通常在看那些画家、大师作品时才有的崇敬、卑微、压抑和困惑。你的感受只像一样东西:水,单纯而干净。这种干净和单纯偏偏又是我们成人经常煞有介事追求但总也求不着抓不到的东西。

那天,林墉先生说,这些孩子乃大师也。锵哥也说,呢啲细佬只只天才。

而小画家们并不知道大人在这样评论他们。他们正穿着艳丽的童服在大厅外的阳光里跑来跑去。

但我寂寞地想,他们终将会不知不觉地长大的。长大的他们,一定会有很多人像现在的我们一样失望和世故。他们那会儿可能再也不要画什么了,他们干脆将从前的画笔和油彩一股脑扔进垃圾箱,然后按照社会需要的那样,将自己塑造成一个个标准的小职员、商人、处长或迂腐的文人。当然,他们中也必定会有人继续出色地作画并最终成为人人景仰的杰出艺术家,只是也许那时他们心里的欢乐不再,有的只是孤独。

于是,我望着那些好看的画和在阳光中嬉戏的孩子,渐渐竟陷入一种短暂的迷惘,既盼望他们成长却又讨厌他们成长。

张 看

张看,是张爱玲一部文集的名字。上个礼拜六中午,当我趴在饭桌上写这篇小稿子的时候,我为题目抓耳挠腮,东张西望,最后觉得,唯有盗用一下张爱玲的"张看"装点门楣最合适了。

写下"张看"二字,自己忍不住得意了一番。

张看,看什么呢?

我想,在许许多多人的心目中,古玩这东西,恐怕都是高深莫测的吧。因为高深且神秘,大概能够玩玩和收藏它的人,也只有那些一生下来就很历史很文化的孩子了。比如名门之后、富家公子、世家小姐什么的。

我所识得的朋友中,玩得了古玩的只有三人。他们是林墉先生、沈公子和茵小姐。

我曾经目瞪口呆地看过茵和林墉为一把不知什么年代的铜壶讨价还价。也曾经再次目瞪口呆地听过沈公子评点茵那张须得一条大汉方能扛起的紫檀矮脚几。沈公子笑着说,这桌子用来甩麻将,最好。

最近,有朋友借给我一套很好的书,讲古玩的。看了,就非常喜欢,而且对收藏古玩的人的心境也有了朦朦胧胧的理解。虽然对古玩依然是一窍不通,但我还是独自跑到那些旧家私店和博雅斋转悠了几番。

古董、文物所营造的那种气氛总是极安静极安静的。这安静,是我热爱的。感受着它,就会有一种说不出的安慰。我想,我是属于收不起藏不起古玩的人,但看看,总是可以和可能的吧。把玩不着真真切切的古籍字画,咱就看看那些精美画册里的古画官窑呗,"雪夜观灯知风在"嘛。看看,张某人看看,张看。何况收藏古玩的马未都也这样说呢,"现在,多好的东西我都可以不拥有它,只要我看它一眼,就如同我曾拥有过一样。"

那天,几个女朋友到"彩凤阁"喝下午茶。茵却一人溜出去购了套价值不菲的《大英博物馆》。

第二日我就在电话里讹她:"肥马轻裘与友共之哦,我可否过来看看?仅仅是看看而已。"

茵笑道:"当然当然,不过记得来时斩上好烧鹅一只。"

涂鸦 (油画)

你的痛，我的乐——女看足球

在很多爱好上，男女始终有别，比如足球。

男看足球，会对赛程的技术和战术很感兴趣，但女的却觉得索然无味。当男士们滔滔不绝于中场、后场、底线、小禁区前锋、左前卫、右前卫、清道夫、角球、倒钩球、定位球、球门球、任意球、短传、越位等乱七八糟专业术语时，女球迷听罢，只会产生短暂的晕眩。那情形，就跟男人听女人不停念叨口红、睫毛膏、爽肤水、日霜、晚霜、眼影、粉底、粉底霜一样。

女看足球，多数只关心结果。当然，她们多少也知道一些简单规矩的，比如罚点球、上帝之手、红黄牌、加时赛。而且坚信，最激动人心的时刻，就是圆碌碌的足球如一枚鸡蛋疾风般穿过绿色的草丛和无数晃动的障碍准确无误进入躺倒的大篮子里。那一刻表示，有一方成了英雄，另一方则成了笨伯。

女球迷通常还会带着欣赏明星的心态看球。所以，哪个国家的球员有实力、帅气、可爱,往往就会被她们关注和热捧。

作家苏童曾经写过一篇和太太看足球的趣味文章。苏太太只关心球队的服装好不好看。如果好看,她就追捧。所以苏太太喜欢阿根廷。

因为如此感性而弱智地看球,女球迷是不会动辄将足球行为升华至爱国那样一个境界的。她们的足球情绪更具有博爱色彩。

我不知道,一支球队的球服颜色是否已被规定死的。反正每次看见中国队上场都是万里河山一片红,我的头就会一点点地疼。

红,有很多种的。中国球员穿的红,说得好听,叫法拉利红;说得不好听呢,那叫土包子红。有时再配上守门员一身葱绿,生生让人联想起北方农村新婚男女炕上绫罗绸缎的簇新棉被。倒也有丰衣足食和老婆孩子热炕头的喜悦。

其实这种百分百的中国红,从色彩学讲,并不适合东方男性焦黄的肤色。东方男性的肌肤适合咖啡色系,依此递减下去,黄色就很好,可以令运动员神采奕奕。古代的皇帝,不都黄袍加身吗?大红,还是留给北欧球员吧。

我平时很少看中国足球的。那天偶然瞥见电视回放中国对乌兹别克,才发现我们球员的模样也长得比较抱歉,大都苦大仇深兼表情麻木。

那个我还叫不上全名的教练就更抱歉了。贝多芬式的大披头,黑衣涤纶长裤,整一个地方文化馆的书法师傅。

遥想当年,场外的贝肯鲍尔,那种冷峻、沉着的表情和翩翩风度,曾牵动全球几多女球迷的芳心啊。

……才几颗烟的功夫啊,中国队的篮子里就让乌兹飞进了三枚鸡蛋。

飞进一粒,我就大笑一次。再飞进一粒,再大笑一次。只因从来都是败局已定,没有悬念,没有惊叹,没有希冀,也就没有失望。

在我看来,中国队踢球,输是正常,赢只是侥幸。因为,我从没在这些球员身上,或者说,从没在大多数中国男人身上强烈感受过他们对团结与力量有近乎宗教般的虔诚与信念。那是一种理想和精神。如果没有这种理想和精神,任何所谓的团队不过是一只只放了瞳的眼睛,除了涣散,还是涣散。

及至最后,我还是再次感受到了黑色幽默的温暖。温暖的黑色幽默,是把一个调子定在了破裂点上,当达到这个破裂点,所有精神的痛苦就会超越痛苦本身而演变成某种喜剧和可怕的混合物——因为事情已糟糕到了你尽可以放声狂笑的地步。中国足球就是这样,令人忍俊不禁。

作为一个长期的失败者,看来中国足球暂时还会长期地失败下去。

但其实做一个长期的失败者,是更需要勇气和娱乐精神的。真的,中国足球为什么非要赢呢?不赢行不行?就在这场错误喜剧和可怕喜剧之间的朦胧空隙里,选择充当一个可笑可敬、不屈不挠、屡战屡败、陪练陪玩陪赛的角色,不也挺好吗?

灾难快感

最先是在沪上一个权威网站看到这条新闻的。接着被转得铺天盖地。这篇题为《张爱玲遗物曝光,晚年竟是秃头》这样说:

晚年的张爱玲得了皮肤病,不得已之下,她把头发剃光了。

中国台湾东海大学副教授、张爱玲研究专家周芬伶最近在内地推出了新书《张爱玲哀与伤——张爱玲评传》,该书用图文并茂的形式首次披露了张爱玲的各种遗物,从假发、名牌化妆品到各种时装、鞋子以及珍贵的手稿,应有尽有。周芬伶更呼吁成立张爱玲博物馆,让更多的张迷能看到张爱玲的珍贵遗物。

令人吃惊的是,那么爱美那么时髦的张爱玲,晚年竟剃了个光头……

谁都知道，张爱玲一直都是媒介的宠儿，就像张爱玲是文艺女青年的宠儿一样。文艺女青年，谁能不知道张爱玲呢？如果不知道，还算文艺女青年么？——大家心里很清楚，说说张爱玲总会引起程度不一的热闹的。但是，看到《张爱玲遗物曝光，晚年竟是光头》这类的新闻，我多少是有点儿悲凉的，不是为张爱玲，而是为我们活着的人。

张爱玲是一个作家，一个过去时代的作家和一个认真的作家。她写作，是为了她自己或她的朋友，或她的灵魂，也是为了让时间的流逝能使她自己更加宁静、心安或快乐。在完成这个过程的同时，她文学的天才也给了后来一代又一代读她文字的人以快乐。对这样一个作家，我想，我们关心她的作品就好了，对她的文字表示感恩就好了，为什么总要把她搞得像个过气的女明星一样，然后再把晚年的什么秃头、假发翻出来说事？只要是个人，谁不会老呢？谁老了不会掉牙、白内障、白发苍苍、秃头和满脸皱纹？！难道把一个人的皮肤病甚或皮肤癣皮肤屑抖在今天的阳光里和今天的空气里漫舞，真会带给我们另类的快感吗？

从事过新闻的人都知道，新闻行话里有一句叫"灾难新闻"。也许你不相信，据全球统计，"灾难新闻"在新闻受众体里是最受欢迎的。可见人类多么的奇怪。一方面是那样地惧怕灾难，但同时又对"灾难"有着无法抗拒的快感体验和津津乐道。只要灾难不是降临在自己头上，很多很多人恐怕还会幸灾乐祸的吧？

这篇有关张爱玲遗物的文章不就很耐人寻味吗？《张爱玲遗物曝光，晚年竟是光头》——"竟是"二字，横看竖看，都透着一种无法抑制的"偷窥后"和幸灾乐祸般的快感。

　　我想,嘲笑一个死去的人,在某种意义上说是最保险的。因为斯人已去,任由后人笑骂,她(他)已无法知道,当然也是懒得知道的罢。最后剩下和无聊的,也只有活着读她(他)们笑话的我们了……

我爱王八

父母终于搬到近郊去住了。当然,近郊的说法已经不对了,因为这里早就划入了我所在城市的版图。但从严格的城市定义来说,它离标准城市还有距离。所以硬要把它说得诗意点,那就是个四不像、有点田园风情的城市后花园罢。

母亲平素极爱侍弄花草。但搬到这儿,她不用侍弄了,因为小区到处都是花草,母亲本身就像一棵老树生长在它们中间。出门不远,竟还有一片一望无际的荔枝林。日啖荔枝三百颗,不辞长作岭南人。日子很东坡哦。

我好像一直只遗传了母亲的坏脾气,对园艺之事却没太大兴趣,从来都是养花花焉,种草草枯的。但去年养了几尾小鱼还不错,后来再接再厉,我又追养了两只小乌龟。乌龟欠美,但不知为什么,我就偏喜欢这类模样拧把一点的小动物。看着它们笨头笨脑挪动着短短四肢,很是可爱。

比起养鱼,乌龟要粗生多了。不需要漂亮的鱼缸,不需要讲究的水质,不需要加氧的水泵,随便把它们丢在一旁给点饲料和饭粒,它们就可以毫无怨言地生存了。除了喜欢乌龟的粗生,我也喜欢乌龟的性格。它很安静,低呼吸,尤其是在严寒来临的时候,它几乎可以让自己的生命降到零点状态,然后耐心等待新的季节来临。——这通常也正是人们讥讽它的地方,什么缩头缩脑王八啦。咦,这就有点不讲道理了。因为乌龟不像其他动物,它根本没有任何可以进攻其他动物的能力,那它适时地选择退缩又有什么不可以呢?国家之间,不还有中立国的么?如果乌龟不是依靠这样适时的退缩和自己坚硬的龟壳自卫,它大概早就在自然物种里消失了罢。

记得我曾在一本地理杂志读到过一篇小文章,说有一只乌龟很偶然被一块巨石压住了,但它却在这种被压的状态下生存了整整一百年。直到人们为它挪开那块巨石时,发现它的龟壳竟被压出了一个大坑。这只被压的乌龟就是依靠天然的露水、落叶和途经的小昆虫这样活了一百年。换成一只凶猛的狮子或老虎被压,我想用不了多久就会奄奄一息了罢。有关乌龟的良好秉性,我们小时候就从"兔子乌龟赛跑"的著名童话里知道了。那好像也是人们赋予它唯一的荣耀,剩下的全是谩骂和嘲笑。

但我可不想这样对待我的乌龟。过两天,我打算帮这两只小王八改善改善生活。我要先去弄一只伪古董青花钵,然后再在里面黏点小假山小假树小水车什么的,再放一张"席梦思"和"沙发"。既然有沙发,那就好人做到底,再配一台玩具小电脑好了。让两只王八也上上网,"摆渡"一下,"谷歌"一下,看看人们是怎样一边谩骂它们,一边又理所当然地宰杀它们滋补身体的。而我很想知道,它们那会儿的反应会是悲伤?不屑?抑或无动于衷呢?

81个和8个

听说所有的城市都在搞数字化有线电视,挨家挨户地搞。搞,想起从前报社老总说过,最讨厌这个"搞"字。但恰恰这个"搞"折射着现在强烈的中国特色。

电视数字化之后,我差点成了电视盲。统计了下,现在一共有九九八十一个频道。每次在空气中晃着遥控摁遍81次,我也快睡着了,还看什么电视呢?

光中央台就有12个台;广州8个台;广东南方10个台。然后各省又有卫视台。莫名其妙的是,竟还有高尔夫球台和围棋台呢。高尔夫和围棋当然是好东西,可真有必要专门辟一个台吗?接下来会不会有麻将台? 很难说。

现实中,人们做什么事都喜欢一窝蜂,直到把一件新事物做残做死为止。也许我孤陋寡闻和鼠目寸光,我总觉得如此多的电视台,除了平添了一些所谓的领导、台长和加大了资源浪费,不知它还有多少积极的意义。

如果频道多，内容精彩倒也罢，但偏偏所有的电视节目都差不多。你既不觉得哪个台特好，也没觉得哪个台特不好。所有的水平，所有的资源，所有的人才，所有的智慧，都在趋向一个可怕的平庸和平均值。精英没有了，个性没有了。最后所谓的电视，其实也没有了。

所以，与其要 81 个庸俗的电视台，还不如只要 8 个精英电视台。毕竟"多"与"大"，并不代表真正的强大。优秀，才是真正的强大。

也许我们已经非常习惯抢占各种物质资源和硬件资源，但却不会用同样的热情真正做好每一件事情。——想起美国 CBS 电视台的几位老牌主持。他们稳重，热情，专业，一生都在认真从事新闻主持工作，没见谁谁谁资格到点儿了，就想当当一方霸主的。

当然，除了电视节目日趋平庸化外，其他方面似乎也这样的。比如现在的餐馆，就没哪间特好吃的，但也没哪间特不好吃的；女人没谁特漂亮的，但也没谁特不漂亮的，她们留同一样的发型，化同一样的妆，听同一首歌，于是就有了芙蓉姐姐之流的乘虚而入。

歌曲很多，也是没哪首特好听的，但也没哪首特难听的；服装没什么特好看的，但也没什么特难看的；当官的没谁特能干的，但也没谁特不能干的；小说没什么特好看的，但也没什么特不好看的……

一句话：81 个太多；8 个太少。

我想，我既不是什么学者，也对这个社会不负有沉重和特别的责任，但觉得精英文化、精英阶层被平凡、庸俗日渐模糊和边缘化,总不会是什么好事情吧?但不好在哪儿?这可不是我一个普通小女人能说得清和能左右的罢。顶多,我不看电视就是了……

午夜凶铃

午夜时分,睡得正香,似乎还在做着一个不错的梦。倏地,手机铃声很不合时宜地响了起来,声音一阵紧接一阵,毫不罢休地。那是短信铃声,声音有着一种催命的气质。

我懵懵懂懂,感觉很不爽,不予理会,只想继续睡觉,却怎么也睡不着了,后来索性裹着毯子坐了起来。

朦胧的月色里,看到挂钟时间是 2:25。不用看手机,也知道又是那些无厘头的短信了。难道我中了六合彩,会有人以这样的方式通知我吗?不可能。

现在几乎每一天,手机都会收到各种莫名其妙的短信。不外是哪里服装大减价啦;哪里的大米是正宗泰国香米啦;哪里花少少钱就可以买到发票或代办假执照啦;手机再不充值就停机啦……

其实电信业一直是垄断经营,已经赚得够凶够肥的了,但似乎还不知足,每月仍要收人头租话费,这在全世界都是罕见的。

虽然有些说不过去，但也算了。可这广告短信，就有点讨厌了。据说，电信客户的电话资料每卖出去一次，电信业又可以小赚一笔。小数长计，还是赚肥了！

高科技时代，短信群发，几万条几十万条的小广告瞬间就可以不理会我们的意愿，粗暴地直抵你我的手机、你我的大脑。目的当然是直抵你我的钱包。对这些无厘头短信，我平时白天大多是即收即清理。但像今晚以"午夜凶铃"这么凶猛和独特态势进入我手机的短信，我还是头一回遭遇。

好奇啊！好奇害死猫啊！黑麻麻里，我窸窸窣窣地摸过来手机。但见手机的小小彩屏在静夜里幽幽闪烁着冷傲的金属蓝。虽然睡眼惺忪，有点朦胧美，但我还是看到"午夜凶铃"这样提示：您好！我集团在本市出售九成新车辆带套牌手续《奔宝　丰田　本田　大众等》见车付款电138738014××周先……

奔宝，新名词。看来生意真的不好做。想想啊，——有谁会看着短信买车的呢？——见车付款，多半是空手套白狼了，因为没有周转资金，急钱急疯了？——半夜发短信，如此沉不住气，谁敢跟这样的"集团"买车？跟抢没太大差别吧？——既是"集团"，又怎么只留个人手机？……这样想着想着，就觉得这疯狂的世界实在有太多的周正龙。周正龙的可笑，就在于他把别人全当傻子了。

我当当傻子不要紧，却清楚地知道这天下半夜的睡眠算是完了。这不，意识流也来了，图兰朵，帕瓦洛蒂，今夜无人睡眠……不是无人，只是我无眠而已。

我于是就这么傻傻地坐在暗夜里。后来想起了一个家伙讲的另一个"午夜凶铃"版本。

这个家伙的睡梦,也是在某个午夜被某阵电话铃声凶猛地击碎。家伙遂披衣跌跌撞撞扑到客厅。家伙操起电话,黑暗中,只听到一个气急败坏的声音不停地对他大声号叫:"喂!喂喂!!是殡仪馆吗!是殡仪馆吗!!"

家伙当场气得睡意全无,眼冒金星,差点没一头栽倒在地上。——有时,你得相信人类的智慧和恶毒会在极度的愤怒中超常得到发挥。家伙说他当时紧握话筒,无比坚定地回答对方:"嗯,就等着烧您了,快来吧!"然后,嗒,家伙撂下电话。

想起家伙"午夜凶铃"的故事,坐在黑夜里的我不由地嘿嘿嘿笑了起来,我这时的情形也一定怪吓人的吧?我举着小巧的摩托罗拉,一遍又一遍地读着这条"奔宝"短信,心想,要不要也回一条好玩的短信捉弄捉弄"奔宝"的主人呢?

吃垮酒楼的14条军规

是广州人,就一定喜欢到茶楼喝茶。因为从小就耳濡目染口感了这种喜好,一个普通的广州人到了三四十岁,基本上都会成为茶骨、茶精的。

近些年,广州茶骨茶精们的银根大部分都用来供楼、供保险了。人人居安思危,囊中羞涩,动辄已不敢到饭馆大吃大喝的了。那些饭馆所以现在易其名为官僚饭堂或许更贴切。

贫困,其实是比较容易滋生人类恶毒心理的。现在的茶骨、茶精就有点变态。他们总想把一间间茶楼都吃垮。我就常常听到一些茶骨豪情盖天地说:吃到它执笠!——"执笠",广州方言,意倒闭、破产。

所以现在广州的酒楼虽然还人声鼎沸,车水马龙,但实则大多已是旺丁不旺财的空繁荣和空欢喜了。

那个有名的香港巴士阿叔精神,在广州无处不有。是啊,你有压力,我有压力,社会挑衅我,那我就挑衅酒楼。于是乎,他们

创造了好多条不成文的吃垮酒楼军规:

1. 新开张的茶楼,定要第一时间扑料的。因为刚开张的茶楼为了短期内吸引茶客,通常都会搞搞酬宾优惠活动的。头啖汤,要喝。但第一、二天免去,因为厨师、服务员手脚生疏,搞不好铁锅还残留着洗涤剂和铁屎呢。

2. 落座茶位后,细读价格牌。链接小、中、大点。特、超点基本可义无反顾地扔进垃圾筒。

3. 询问服务员有无特价货,也就是平时超点、特点的只作小点价钱供应。如果有,即刻下载和复制几碟或几笼。

4. 询问有无免茶位。如有,下次可能回访。

5. 询问有无免费泊车。如有,可考虑成为此茶楼长期茶骨。

6. 询问有无折头。如果没有,请你撇撇嘴,这个表情已足以把茶楼经理吓得屁滚尿流了。

7. 吃不完的点心,一定要打包。哪怕是拎回去给邻居阿婆喂猫猫。否则,剩下的食品很可能会被下一位茶客享用。

8. 如果哪天只想到茶楼嗅嗅人气,并不想吃东西,那就喝斋茶。通常斋茶结账只收双份茶钱。

9. 小菜、湿纸巾一概删除。

10. 穿超短裙或小凤仙旗袍的茶 MM 推荐的高档茶也一概删除。

11. 夏季最宜选择全天候都可以饮茶的茶楼。上午 11 点进,下午 4 点出,做一个名副其实的糯米屁股茶骨。此时,不志在吃喝,只志在借位叹空调。

12. 写字的,可带上手提电脑,一边一盅两件一边写文章。沸腾的老百姓生活会激活你无穷的写作灵感。

13. 茶楼如果提供报纸,也一并通读了。不用回家再买再读。

14. 前后多去几趟卫生间,为家里省下 5 加仑的自来水和五六尺的厕纸。

酒楼遭遇这样的茶客,你说能不垮吗?

真的吗？

很久以来，人们见面，都喜欢以"吃了吗"开始寒暄一番的。但在西方，人们见面，倒是喜欢以"天气如何"寒暄的。——看似普普通通的寒暄，其实并不普通，只因它也是人们交际的一种行为。

西方人以"天气"作为见面的开场白，是与他们一向注重气象与人的心情有关，或者说凸显了他们与自然密切和重视的程度。而我们的"吃了吗"，现在倒是明显地过时了，因为那个物质大匮乏的时代已经过去了。"吃了吗"不再是个问题，不再重要了。如果非要延续"吃"的问候，大概应该说："吃什么了？"或"打算哪儿吃？"

记得好些年前，人们精神感情大解放时，许多大城市的离婚率一度连年激增。那阵子北京的文化人一碰面都喜欢问："发妻吗？"意思是，你现在的女人还是结发的那位吗？很搞笑。

据说，最近人们见面开始以"真的吗？"寒暄了。非常幽默。

"真的吗?"——这话的背后含义很耐人寻味,它是人们对现实太多假象和荒诞一种比较温和与幽默的怀疑。

因为太多的假,赵本山的"忽悠"小品系列成为了文艺小品的经典。我们日常的语汇里,也开始多了"忽悠"这个新朋友。

让我们一起稍稍回放一下:咸鸭蛋的蛋黄如此鲜黄,原来是放了苏丹红,假的;奶粉里放了二恶英,假的;服装城、皮具城里的LV、Dupont、Burberry、Polo……假的;好多人的大学文凭是买来的,假的;平面网络文章一大抄,你剽我,我剽你,概念结构文字统剽,假的;女人整容后的鼻梁和乳房,假的;身份证,有可能假的;人民币,也有可能假的。甚至你老婆生的孩子,都有可能不是你的 DNA,假的……

记得刚做记者的时候,我曾参加过一个大规模的明星评选组织活动,负责在新闻组写通稿。那天,我向组委会的头儿要评选结果的最终票数。他只是笑笑,然后不假思索地告诉了我一个 6 位数的数字。我当时愣住了,我说:你再说一遍。他又说了一个数字。我说:两个数字不一样啊。他又笑笑,拍拍我脑袋说:你随便上一个就行了,就那么回事!——这时我才明白,那些所谓的票数纯属子虚乌有……虽然我从来都不是个什么优秀的家伙,可诚实、良知多少还有点。但这串数字,却给了我年青的人生一个粉碎性的打击。

"真的吗?"从那时起,其实它就成了我常常自言自语的自我寒暄了。

最近沸沸扬扬、真真假假的"华南虎"事件,也非常搞笑,整个事件活脱脱就是一出精彩的荒诞剧。有文章说,事件反映了人们对社会公信力的危机感。我不是社会学家,不太懂。只知道,广东新闻界一直是事件最热心的一群。您也许会说这帮南方老记唯恐天下不乱,但我却为他们自豪。当还原事实,建立诚信成为人们的一种信念,过程如何操作,实在不太重要。

想起一个男的曾说过这样的故事。他的女友有一回问他:你真的爱我吗?他说:真的。女友再问:当真真的?他说:当真真的。女友又问:是不是真的啊?——他彻底不耐烦了,没好气的:假的!!!女友却终于笑了,她笑得很灿烂,对他说:我相信了,你是真的爱我!——现在的社会,莫非也这样?

小小少年

有一部外国电影《英俊少年》。英俊少年唱过一支嘹亮、明朗的歌，首句便是"小小少年，很少烦恼"。少年本无恼。可我总觉得，今天中国的小小少年，很多烦恼。

小小少年们最大的烦恼是功课习题没完没了。老师、家长恨不得他们嫩嫩的脑袋对考博士的数学题也能迎刃而解呢。每当我见到那些小小少年埋头习题时，总是庆幸自己不再年少，否则一定是个永远留级的低能儿。

今天的小小少年也是空前孤独的一代。他们没有兄弟姐妹，没体验过亲情浓郁的大家庭。有的孩子还必须在父母感情决裂之际作一严峻抉择。

小小少年们因为污染而日益恶劣的环境，也失去了亲近大自然的可能。冬天，他们没有空旷的雪野堆雪；夏天，他们没有清凉的溪流淌来淌去捕鱼虾。他们一年四季只能禁闭于水泥房里孤独地摆弄电视、电脑和奇丑无比的变形金刚。

小小少年们命中注定是不能向往平凡的。当他们还在娘胎里时，父母就已经为他们规划好远大前程。要么当爱因斯坦、莫扎特；要么当邓肯、李嘉诚。反正，他们只能成为名人、贵族，绝不能成为普通人。于是，一些明明只想做木匠的小小少年，硬是被拳打脚踢地逼坐在钢琴前弹奏小夜曲。

小小少年们的父母多少已陷入了疯狂状态。他们来自平凡、简单，却看不起平凡，看不起劳动，也看不起他们自己。他们渴望将虚无缥缈的欲望强加于天真烂漫的儿童身上。他们宁可孩子媚俗、虚伪、复杂、自私，也不要孩子天然和真诚。

记得曾看过一篇报道，说中国留学生给美国老百姓最深刻的印象有三：一是邋邋遢遢；二是没味道；三是很聪明。我以为，前者是一个涵养、操行问题；二是心灵、情感问题；三是思维、智商问题。

不管这种印象有否发展与改观，但它多少反映了长时间以来，我们对一个少年成长的关注总是以知识、技巧为主，而往往忽视了情感、责任这些构成人格力量、人格魅力的基本因素培养。

我于是觉得，今天的小小少年是既幸福又痛苦、既富裕又贫困、既温暖又无助的一群。我于是也想对他们说，当你成为一名男子汉或美貌的妇人时，只要你对人类有着怜悯、温柔、感伤、正义、宽容、仁慈及热爱的情怀；只要你为理想努力过，那么不论你是科学家、音乐家、文学家，或是花圃工、补鞋匠、流浪汉，你都绝对是一个优秀的人。

小小少年，祝你很少烦恼。

绿色消失

如果我们坐在一只热气球上,在城乡之间的上空飘荡,我们会看到每一天,无数老鼠和纸皮箱一样大小的人和车子来来往往,跑来跑去。城里人往乡里跑,乡里人往城里跑。只有他们自己知道,每天跑来跑去干什么。

城市与乡村最简单最儿童的区别是声音、颜色不同。城市喧嚣而骚动;乡村宁静而和平;城市灰蒙蒙,因为楼宇鳞次栉比;乡村绿油油,因为田野树林一望无际。

在城里住着的许多人,先前都来自村庄,后来他们洗净两腿泥摇身一变成了城里人。现在他们开始厌倦灰乎乎脏兮兮的城市,所以有钱人率先打道回乡,他们在乡村造了别墅,并解释说,这是生命与自然的回归。

但久居乡村的人就不同了。他们非常羡慕那在水一方、并不遥远的城市和城市人。他们也知道城市已经拥挤得几乎转不过屁股,于是他们决定干脆将自己的乡村改变成城市。

就这样,沿着平坦宽广的城乡公路,在愈益接近有人烟村舍的地方,我们看到了五颜六色的茶馆、广告牌、霓虹灯、发廊和穿迷你裙的姑娘。穿过这些茶馆、发廊和姑娘,我们看到了许多如格林童话中的红房子。只是它们并不是可爱地隐匿在白雪间和松树丛,而是成排成片、浩浩荡荡、暴露在阳光下。我们问一个造房子的工头,那些树都哪儿去了?他很干脆地做了个手势,说全砍了。我们问为什么砍?他说他们祖祖辈辈看够了树看够了绿色,他们现在只想看到无数的水泥房子。

我们失望地转过身,离开这些原本美丽,但瞬间恍若迷宫一样单调、乏味的房子。我们继续沿着公路前进,不期然看到一间学校。但据说它不是普通学校,而是学费昂贵的贵族学校。

贵族学校也是什么都有,就是没有了树。我们又问树哪儿去了?校长也很干脆地做个手势,说全砍了。并说他们祖祖辈辈看够了树看够了绿色,看到绿就要呕吐。他们现在只想看到自己和别人的孩子在水泥操场跑来跑去,在水泥教室里的电脑前敲来敲去。

我们又失望地背过身,议论着说要是自己有个孩子,打死也不让他来读,因为现代石屎屋根本就创造不出什么贵族。那是一个灰色的谎言。

继续沿公路行进罢。又一片更茂盛的树木颓然倒地。乡里人不笨,他们凭直觉就知道,绿色消失得越快越多,他们那里就愈发像城市了,所以他们欢快地摁着喇叭驾着推土机、大卡车在阳光里跑来跑去。

许多许多年后,如果我们真的坐着热气球在天空飘荡,我们将会发现,随着乡村绿色消失,城乡之别也消失了。我们那时只会看到无数如蝗虫、老鼠和烂果皮箱一样大小的人和车在充满尘埃的阳光里绕来绕去,可他们打着喷嚏却永远也绕不出去。

水果问题

荤吃多了,就知道还是吃素好。尤其水果不能少。

历来北国多思想,江南多美女,南国似乎只多佳果的。我虽是北方人,但因为爱吃水果,便觉得还是南国好。

广州从来一年四季都可以尝到鲜果。荔枝、橙子、柚子、芒果、香蕉……样样不缺。

我大概在水果问题上既怀旧又落后,现在还常常想起从前吃过的一些难登大雅之堂的果子,如杨桃、蕃石榴、橄榄什么的。印象中,那时卖水果的小贩也很天然、很乡气。一张木板,数只藤萝,里面盛满红红绿绿的果子。戴着草帽摇着大蒲扇的果贩子既朴实又亲切。他们对着买客,总会殷勤地剥开橘子,撕开蕉皮,让你尝尝鲜儿再决定。也就是说,那时小贩对自个儿的水果很自信。果贩的自信,源于他们水果的新鲜,有的鲜得还沾土带露,感觉才从乡间采来的。几块钱,往往就能称回两三斤鲜果。慢慢吃上两三天,人便觉得很满足。

但现在的水果摊也很国际化了。果贩们也学会在夜晚亮起红灯，红灯下摆的不再是岭南水果，而是进口的美国蛇果、泰国吕宋芒、美国新奇士橙、加州菩提。这些进口水果个儿大且体积均匀，色彩娇嫩，在红灯下着实诱人。只是先前能买几斤水果的钱现在只能买一个蛇果，一个芒果，一个新奇士橙或五颗菩提——蛇果、新奇士橙、吕宋芒果实在是好吃的，但一些美国朋友也说，吃多了，就觉得它们像蜡制的果子。因为长途运输、冷藏保鲜什么的，已经令它们失却了水果最原始的鲜味。

就这样，那天我从亮着红灯的 18 家果摊走过，竟买不到一颗我喜欢的潮州柑、四会橙。我于是劈头劈脸责问一个果贩子怎么就不经营岭南水果了呢？！果贩子觉得我奇蠢无比，怒斥：傻人，日本电器都比国产电器贵好几倍啦！无奈，傻傻的我只好指着一颗颗仿佛一个模子造出来、蜡制一般的新奇士橙再问，这果子可是真的？果贩大声说真！珍珠都没那么真！这是真真正正的美利坚合众国新奇士橙！言罢，还亮了亮盖在橙屁股的戳子以示证明。

那天晚上，我吃罢泰国米饭，靠在比利时沙发上，打开日本索尼电视机，喝了半听德国黑啤，然后开始吃真正的美国新奇士橙。吃着吃着便恍恍惚惚，看到我爹走来便问，咦，爹，我是什么人？

春节琐记

春　晚

说不尽的春晚。每年骂,每年播。春晚已经很像一块有声有色的滚刀肉了。大概骂累了骂疲了,今年大家竟都有点偃旗息鼓的样子。

年初四从雍雅山庄吃完饭,忽然兴致大发,顺道拐进旁边的公园里转转。已经好久不上公园了。印象中公园现在全成了那些老太太老奶奶扭秧歌的地方了。其实扭扭秧歌是好的,关键是她们个个都红衣绿裤,浓妆艳抹的,很厉鬼。有点恐怖。

初四的公园,游人如织,浩浩荡荡。南腔北调,挨肩擦背。男女老少,人人张着嘴,缩着脖子,在南方惨淡的冬日里辗转浮游。发现左方有一枚小土炮,大家便一惊一乍地涌将过去;发现右边有一架无翼小飞机,复大呼小叫地又涌将过来。我好像突然明白了,何以春晚总是年复一年那样一种社戏般的热闹了,因为一惊一乍的人们要的就是这些,而他们是受众的大多数。他们要的就是这种浅浅、浅浅的快乐。既是这样,那就莫去惊扰他们这浅浅的快乐罢。倘若并没有人能给他们更真实的大快乐。

投 名 状

看了一部好电影《投名状》。这也是近几年我最喜欢的电影了。无论剧本、电影语言,或演员诠注都很出色。我想,即使将它摆在好莱坞,它也是可以傲视群雄的。只是天天吃汉堡包的美国人,想必是永远也无法理解和体味那么深厚和精妙的中国文化就是了。片中李连杰的武功注定要让一些武星肌肉式、脸谱式和噱头式的武功表演成为明日黄花。

能出演《投名状》这样的影片,我想会是一个演员一生的幸事。所以李连杰、刘德华、金城武和徐静蕾都与角色浑然一体。李连杰非常出色。徐静蕾也让人刮目相看,她素面朝天,人淡如菊,那种无表演的表演,不是徒有漂亮脸蛋儿的女演员可以轻易胜任的。

《投名状》是一部典型的男性电影。跌宕起伏,悲情壮美。但剧本偏偏出自上海的一名女写手。在《投名状》里,我们看到她以一种近乎母爱或情人般的细腻与大气,抽丝剥笋地将三个英雄的坚强、艰辛、柔软、孤独淋漓尽致地展现在我们的面前,直把你感动得泪流满面。

农 夫 梦

继续往农村跑。先是东南西北地突围,然后是东偏南、南偏西、西偏北地跑。

大朋友 Q 是一名有名的画家。十多年前,Q 就在城南农村自盖一栋小楼。楼前楼后还有两亩地。白天,Q 或画画,或到田里种菜。儿子,就在院子里的土窑烧陶。后来,烧出名堂了,大小订单竟不少。Q 的画也很了得,钱是绝对不愁的。但 Q 还是很喜欢将自己种的菜挑到村口与路人讨价还价地交易。他一家的生活,真是羡煞我也。

好想、好想有一天,我也能有几畦田地,种点儿辣椒、种点儿豆角、种点儿地瓜。田事之余,再支起画架,画画天、画画地、画画红了的樱桃和绿了的芭蕉。

比桃花还红 (油画)

孤独的玫瑰

喜欢罗密·施奈德。

因为喜欢,我曾经让经典的罗密照片布满了我书桌前的一面白墙。我们知道罗密,可能除了因为电影《希茜公主》和《老枪》外,就是她跟老帅哥阿兰·德隆的故事了。

罗密当年因《希茜公主》一举成名横扫欧洲时,只得 20 岁。那时的阿兰·德隆,谁人晓他?

罗密和阿兰的爱,是急骤而不顾一切的。罗密当时纯情、活泼,但阿兰则美得太尖锐,美得致命。以致最后阿兰还是抛弃了罗密。拂袖而去的阿兰·德隆,当时只在巴黎他们同居的寓所里,留下寥寥数行字和几株玫瑰花。终归是法国男人,绝情都不忘浪漫。但阿兰知道不知道,爱情对于一个女人意味着什么?它既是拯救,也是摧毁。

遭遇狂烈爱情创伤的罗密,情绪曾一度极其低落,之后迅速成熟。爱情催化的成熟,甚至在短时间改变了她的容貌和气质。

她原先圆嘟嘟的脸拉长了,明亮的双眸也蒙上了一层透明的布鲁斯。

在罗密的照片里,我最喜欢她从背后搂抱后来老公梅因的那张。罗密当时的眼神满足、梦幻,但有一缕不安。果不然,后来他们掰了。再后来,梅因干脆厌世自杀了。罗密后来虽然梅开二度,但还是以失败告终。

在这些爱情和婚姻磕磕绊绊的日子里,好在有当时如日中天的明星事业和一双儿女聊以安慰罗密。但儿子大卫在一个月黑风高夜,因不想惊扰母亲,自行攀越家里围墙回家时,不幸被锋利的铁栅栏刺穿内脏死亡。

儿子之死,终于彻底击倒了罗密。一颗本就破碎的心爆裂了。半年后,罗密也孤独地随儿子而去,终年 42 岁。

罗密的英年早逝,当年曾撩起法国媒体重提旧账,他们大肆狠批负心郎阿兰·德隆。

我想,我也是因为爱极了罗密,而有些迁怒阿兰·德隆的。每当我看到昔日英俊倜傥的阿兰现在那张不忍目睹之老脸时,就会想,罗密的匆匆而去,到底是幸?抑或不幸?因为她至死都像一朵怒放的玫瑰,虽然绝对孤独。

迷失威尼斯

又可以再见陈冲了,因为李安的《色戒》,还有姜文的《太阳照常升起》。虽然现在仅仅只是红地毯上惊鸿的一瞥。呵呵,不好意思,《色戒》和《太阳照常升起》里的陈冲,我还是要百分百等盗版的啦。

应该讲,陈冲是我很喜欢的一个演员。或者说,是很喜欢的一个女性。

记得曾经听过一个导演这样讲:一个好人,未必能成为一名好演员。反之,要成为一名好演员,未必要成为一个好人……从这个角度说,我觉得陈冲真有点入错行了。幸好,她还不至嫁错郎。

陈冲出生在一个颇有教养的家庭,她大气,书卷,真实,才情,本色,并无一般女演员惯有的矫情和表演欲、风头欲。如果当年不是行差踏错误打误撞入了演艺圈,她现在或许会是一名出色的大学老师,外交官或医生。所以我们过往银幕上所见的陈冲,其实就是生活中的她。陈冲并不擅长"演",她只是真实地再现自己,而这恰恰是我们喜欢她的所在。

最近的这两部影画,陈冲都只是出任着微不足道的角色。由此可见岁月对一个女演员是多么的残酷。而在威尼斯电影节的红地毯上,我突然发现自己如此钟爱的陈冲竟有了短暂的迷失。她一度迷失威尼斯。

在行红地毯的那天,陈冲极不明智的以一身大面积露背露胸晚礼服真空上阵。当她与青春靓丽的孔维和周韵款款穿过影迷的欢呼和掠过老记们的长枪短炮时,我心里说,完了,她在威尼斯迷失自己了。

在这之前,陈冲显然是狂健身了一轮。但当那条巩俐和舒淇早就秀过的 Roberto Cavalli 晚礼服飘逸在她运动员一样硬邦邦的身体上,昔日光彩夺目的陈冲还是显得有些过气呆滞、不土不洋和不伦不类。这条过分暴露的绿色晚装绝对是罪魁祸首。陈冲难道不知道她根本无需依赖暴露来证明自己吗?迷失啊!

遥记当年,在社交风尚依然是奢侈华丽大行其道的法国巴黎,那位年轻的法国总理夫人去参加一场盛大的嘉年华会时,竟以一身普通得体的牛仔裤白恤衫从容淡定地穿梭在达官贵妇和一片衣香鬓影。总理夫人的出位,当时大大震动了法国政界和社交界。法国人事后说,他们就是欣赏总理夫人那种"不太在乎"的精神。

当然说这么个典故,并不是主张陈冲在威尼斯走红地毯时也不失时机东施效颦地西部一下牛仔二下,我只是觉得她应该选择适合自己的时尚元素：稍稍密实高贵一点行不行？穿中国旗袍行不行？关键是状态别"太在乎"行不行？不在乎。只要不在乎，就会自然得多，自如得多兼清醒得多。

在《太阳照常升起》这部普遍不被看好的影片里，陈冲是一个风骚的"十三点"。在《色戒》里，陈冲则是一个不再被爱情垂青的失意女人。李安说，因为陈冲，《色戒》在有限的空间里具有了无限的可能。而我，却更想躲在这些画面左岸的阳光里眷恋她昔日如水的风情与芳华。在某种季节里，我相信她的那种风情与芳华会幻化为迷人的熟稔，凝固成永恒与经典的吧。

这样的一生一世

姗姗来迟地,终于看了《色戒》。也许是过分地期待和过分地造势,以至看完片子,竟没了预料的惊叹与惊动。电影被宣传得最火的所谓暴露戏实在不算什么。如果把卖点放在这上面,倒真是模糊了电影的味道。但现在大众的口味、大众的好奇和大众的兴奋点,好像就这些。当然,只要能吸引观众到影院,已无需顾忌白猫黑猫了。李安也不例外。

近代上海的风情故事与画面,始终是近些年文学文艺的热点。这个带着恋恋风尘的东方小巴黎,有着太多契合现代人审美的元素:怀旧、颓废、浪漫、欧化、时尚、华丽……李安之前,香港的关锦鹏先生,也是再现旧上海的高手。反倒是内地的导演,总不能把握好演绎的分寸。内地第五、六代导演都是"文革"中成长的,他们缺乏对现代城市的感觉,自然也更缺乏对昔日城市没落感的把握了。

李安说,他想借《色戒》让世界知道中国曾经有过这样的城市:沦陷时期的上海。我想,他应该做到了吧。——老道奇小轿车、茂密的法国梧桐、洋楼斑驳的外墙、眼花缭乱的旗袍、黄包车、洛克赛大剧院、灯红酒绿夜总会、咖啡吧、欧式古典建筑下的百货公司、噼里啪啦的麻将、电车巴士……再细一点还有,良友画报、吉特巴舞、酱油店酒吧台一般的柜台、甚至马桶……隔着前世放眼今生,这些旧上海的 DNA 实在很有看头。李安的《色戒》,于是也尽情让王佳芝和易先生的爱恋和情欲在这些元素里翻腾。除了上海,旧香港的中环德辅道和港大陆佑堂也可以在电影里尽收眼底。

因为《色戒》,有关王佳芝和易先生,有关张爱玲和胡兰成,有关郑苹如和丁默邨说得实在太多了。再来讨论当年张爱玲是否借王佳芝粉饰她与胡兰成的关系,已经没什么意义了。李安说,张爱玲太可怜了,他就想在电影里给她一点爱。所以就有了这么一段特别的色戒。

整部电影,最令我难忘的是王佳芝和易先生在珠宝店的那场戏。汤唯和梁朝伟四目相对,那种生与死、爱与惑的深情、焦虑和绝望,能生生把人吞噬。如果不是明星,根本无法诠释这么复杂的情绪。汤与梁不相伯仲,演得到位极了。

看完电影,心情有少许的压抑。——无论是真实的郑苹如,还是虚构的王佳芝,她们如此年轻美丽的生命,竟要从敌对者那里获取一点迷惘、本能和刻骨铭心的爱,但最后还是毁了自己。

李安和梁朝伟说拍完电影哭得很伤心。我想,他们就是为这个哭的罢?他们在电影中"杀"死了一个如此纯洁、美丽的女孩。——通常，男人为了所谓的原则和利益，会大义灭爱这么做的。但女的却可能不会。

除了这些，电影《色戒》出色和出彩的地方就不多了。李安的电影语言，还是比较传统和保守，不够绚烂。

但汤唯注定是要大红大紫的了。看过汤唯一些未上妆的硬照，好像很平常，但一上妆，竟如此光彩夺目……弯弯的眉毛，上翘的睫毛，水红色的眼影，清澈坚定的眼神，修长的身体和吹弹得破的皮肤，活脱脱就像从过去上海月份牌里走出来的美女。

"对于三十岁以后的人来说，十年八年不过是指缝间的事，而对于年轻人而言，三年五年就可以是一生一世。"——张爱玲《十八春》如是说。

我在围攻所有衰老的信号

玛丽莲·梦露生于 1926 年。

也就是说,这个一直被誉为好莱坞不朽神话的性感女明星,如果还活到今天,那她就是个整八十岁的老奶奶了。

你能想象梦露八十岁的样子吗?

如果有哪个电脑高手依赖自己的想象,再根据人类脸部老化的规律加工还原一下,可能会很酷呢。

法国佬别出心裁,他们为纪念梦露诞辰 80 年,不久前特别请了十个国际女明星模仿当年梦露拍摄电影《七年之痒》时站在纽约地铁通风口,恰好有一列地铁列车从栅栏下轰然驶过,使她的白裙子花一样翻飞起来,然后梦露双手紧捂白裙子,一脸妩媚的经典 POSE 拍摄了一辑图片。

巩俐在法国可能比在中国还有人气,所以巩俐去拍了的。只不过白裙子变成了老谋子最喜欢的红了。

但说实话,没有哪个女明星要比梦露更难模仿的了。倒不是因为她的美和性感,而是她的味道。

其实梦露外表的金字招牌公认是她的那一头淡金蓬松的卷发,还有红唇和一双浓密的睫毛。但从来传奇都好像不是天生的,而是被创造出来的。梦露亦不外如此。

早期的好莱坞也承认,他们曾经是下大工夫包装过玛丽莲·梦露的。他们用热蜡加电解法帮梦露清除过多的毛发,让她的发际提升,令前额看上去更干净、宽阔;还帮她修了修鼻子和下巴;然后又矫正了一下梦露略微前突的牙齿;而最最重要的,是把她一头原来近乎白色的浅棕色头发漂染成了后来的金黄色。

所以当我们看惯了这样一个经典性感和美艳的梦露,再看看难得素面朝天的梦露,会是一件有趣的事情。

曾看过一辑梦露在游泳池戏水的写真图片。

阳光下的水池里,梦露的脸上没有了粉底和唇膏,也没有了假睫毛,脸上斑斑点点的雀斑清晰可见。这时候的她并不漂亮,倒像一个可爱的邻家女孩子。

到了梦露三十五六岁那两年,梦露的容貌开始日渐变得憔悴起来,也就是说,她的脸上明显有了年龄的印记。据说,当时梦露曾尝试通过服食荷尔蒙激素膏脂和注射颇有争议的年轻血清来抵抗不可避免的老化迹象。所以在看梦露后期的照片时,你会明显感到照片流露出来的气息都很颓废、孤独,甚至在今天看来,还可以读到死亡的暗示。

1962年夏季的一个清晨,玛丽莲·梦露终于神秘地死在了她的寓所。

她生前曾经这样说过:"……我在镜子前坐了好几个小时,我在围攻所有衰老的信号。……我对自己说,年轻时死去是避免变老最简单的办法,但是那样你就没有走完自己一生的道路,就不能完整地了解自己。"

太阳照常升起

也是一个太阳照样升起的日子,我在城东的某座天桥,买了姜文的《太阳照常升起》DVD,只花了4元钱。看完,才觉得对不住这部片子,无论如何这样一部电影是4元钱承受不起的。

之前,因为各方评论,我并不看好这部片子。但结果却大大令我吃惊,《太阳照常升起》真是一部优秀的电影。尤其是散发着诗一般光芒和优美意境的电影语言,简直美轮美奂。

很多人说,《太阳照常升起》不如《阳光灿烂的日子》。其实《太阳照常升起》比《阳光灿烂的日子》更丰富、更成熟。如此大跌眼镜,实属始料不及。

听很多人说看不懂这部片子。我想是因为他们以一种惯常的思维和审美眼光来看。因为《太阳照常升起》的电影语言是魔幻的,超现实的,荒诞和黑色幽默的。它让人联想起加西亚·马尔克斯的《百年孤独》和张晓刚的油画。

还记得小说《百年孤独》的开场白吗:"许多年以后,面对行刑队,奥雷良诺·布恩地亚上校将会回忆起他父亲带他去见识冰块的那个遥远的下午……"——《太阳照常升起》正是处处弥漫着这样一种美学的意味。

电影《太阳照常升起》的时间定格在1976年。那是中国一个非常的年代。然后故事以春、夏、秋、冬断章铺开。

第一个疯女人故事最震撼人。周韵和房祖名的表演也很到位,把两代人在那样一个非人性时代的痛苦、压抑、绝望和迷茫表现得酣畅淋漓。也许大多数观众都将周韵真理解成"疯女人"了。其实那只是一种象征。试想在"文革"这个特殊的年代,又有谁不是疯子呢?!

故事中最耐人寻味的是周韵的两段话:"你爸爸是'最可爱的人',他们那个队伍都是'最可爱的人'。""无论如何,不要把我交给警察和大夫。"

但正是这个"最可爱的人",操着枪,把青春美丽的周韵从"大海的那边"带到了封闭愚昧"这边的村子"。我惊愕姜文的大胆。因为这样的对白已经大大超出了现实敏感的尺度了。幸亏"看不懂",否则麻烦大了。

最后,"疯女人"终于选择了失踪。那是她对这个世界最后的反抗。也就这时候,故事的悲剧性升至高潮,催人泪下。

在这个故事中,姜文多次让"疯女人"爬上高高的大树。那些树,隐喻着希望和自由。所以"疯女人"一次次地爬上去远眺,哪怕是从树上摔死也在所不惜。

因为这部电影,我想姜文从此也调教出了一个有深度的演员,周韵。周韵的眼睛有了思想。

第二个故事,更多是让观众看到了"文革"时中国女性情欲压抑和扭曲的荒诞。当然还有中国式人与人之间的诬陷迫害。在这个故事里,陈冲演绎上海女人式的"嗲"和风骚很有看头。黄秋生因为是香港演员,演一个南洋过来的、可爱单纯的老师也让人惊喜。

还有第三个、第四个故事……第四个故事,倒叙了影片几个主要人物的身份都是五十年代从国外归来的爱国青年。可是在那个年代,他们的信仰,他们的青春,他们的忠诚,他们的爱情和他们的激情,却一点一点被残酷的政治现实击得粉碎。

《太阳照常升起》的配乐也很美很具冲击力。尤其是黄秋生唱的印尼老歌《美丽的梭罗河》,温暖而忧伤,它像河水一样从影片和观众的心里缓缓流淌而过……还有那些飓风强烈撼动的大树,疯女人被风吹乱的头发,闪烁跳动在无数芒叶上的阳光,梵高油画一样色彩饱满热烈的山寨、田野、道路、天空镜头,都非常经典。

《太阳照常升起》,众所周知也是海明威第一部长篇小说的名字。它表现了一次大战后美国年轻知识分子迷惘一代对现实的怀疑与绝望。可见姜文依然保存着当年《阳光灿烂的日子》的一种浪漫和理想情愫。他始终是一个理想主义者。关于这点,无论看懂或没看懂影片的人,倒是都说对了。

等待梁朝伟

许多人因为这部描写旧上海的电影在等待李安,等待张爱玲,等待陈冲,而我更多的是在等待梁朝伟。

我没看过张爱玲的小说《色·戒》。改编自她这部爱情心理小说的电影讲述了上个世纪40年代香港沦陷前后穿梭在上海与香港两地,发生在一个女演员和一个汉奸之间的爱情故事。因为汉奸的爱情,梁朝伟又可以重温他过往电影中非同寻常的爱情和情欲体验。那将是一个有着特别身份的男人在旧上海病态繁荣和时尚风情里一刹那的深情流露。

已经不记得是从什么时候开始喜欢梁朝伟在镜头前那种动人的张力和变幻莫测的表演能力了。也不知道到底是王家卫缔造了他,还是他成就了王家卫。反正喜欢他那种沉静羞涩的气质,那是一些安静的天才淡然看浮华世界才有的气质。更喜欢他即使在笑得最灿烂时背后仍隐忍着一种挥之不去的忧郁与无辜。

王家卫曾说:"梁朝伟演戏是可以不用嘴巴的,单靠他的眼睛就可以演。"真是这样的。也因此,看梁朝伟演戏便是一次难得的心理体验和享受——他总是不需要太多的肢体语言,不需要过分夸张的表情,即使沉默,那些淡淡的无奈和落拓,那些如水的眷恋与伤痛,都会一点点、一丝丝泅泅地弥漫我们的视野和错落在迷离的光影里。他让我们无数次地迷失在电影里由他制造的痛苦力量中难以自拔。

还记得《春光乍泄》里他那句经典的对白吗:"不如我们重新开始。"十年了,依然记忆犹新……那样一种闪闪匿匿的胆怯,丝丝缕缕的渴望和细细密密的不安与挣扎,不仅淋漓尽现了一段断背爱情的复杂,也道尽了当时九七前香港某种飘忽的惶惑与难言的辗转情愫。

到了近几年走进刘伟强的《无间道》,梁朝伟又一次尽展了他的镜头魅力。无法想象,《无间道》若是没了梁朝伟会是怎样的《无间道》?他几乎撑起了这部影片的半壁江山,因为他的存在,《无间道》这么一部冷峻的电影硬是松化、软熟了几分。刘德华和陈道明跟他并在一起,竟有了几分粗糙。

梁朝伟曾说过他最爱的作家是三岛由纪夫和沈从文。难怪难怪。难怪他宿命、腼腆的眼神总能击中我们内心某个柔软的地方。

梁朝伟最新出演的影片也是他首部在美国被列为限制级上映的影片,在片中他会有相当的情色表演。伟仔显然又一次在电影中挑战了自己。据说片中梁朝伟的"造型不再是帅气忧郁的男人,而是一个略显老气瘦削的中年男人,甫一出场就冷气逼人"。

　　我知道又可以在这个秋天坠入梁朝伟离愁别绪和爱情挣扎的故事里了。需要的只是等待。

即时褪色

我们大多数人的日常生活可能都是平淡沉闷的吧。看看呀,一个偌大的国家,前段时间,因为李安一部《色戒》不停地争来争去,炒来炒去的。难道就没有别的话题了么?嗯,还真没有呢。

先是大家都说这是一部人性战胜国家,爱情战胜道义的影片,并对没看到完整版大肆牢骚了一通。接着呢,又轮到爱国派反攻倒算,继而掀起补看完整版的高潮。反正,我好像看到了李安和制片商们那会儿正在哪个旮旯嘿嘿地笑呢。他们毫无疑问是最大的赢家,不仅赚足了观众的眼球和钞票,还玩了一把洁本和足本的游戏。

的确是闹的太久了,于是大家集体性地开始对《色戒》厌倦了。片子不能说不好,但后来那么沸沸扬扬的,却是它承受不起的。现在想想,如果电影抽离了性、抽离了女学生与汉奸这档勾人的关系,片子真的会很苍白。也于是,李安电影的小小硬伤也渐渐露了端倪。李安近年的电影总喜欢以畸恋、奇恋来吸引人的。《断背山》是同性异恋;《色戒》是纯情女与汉奸奇恋。生活沉闷的我们真的很容易被这样的畸恋奇恋糖衣炮弹不幸击中,并不知不觉模糊了电影真正珍贵的东西。

回忆一下,其实一些至今被公认为真正经典和打动我们的电影,几乎都不是依赖离奇的故事、离奇的情节、离奇的人物和离奇的关系取胜的,而是依赖汩汩流动在电影里的人性而成为永恒的。比如中国的《早春二月》,比如韩国的《八月里的照相馆》,比如日本小津安二郎的《东京物语》。而《色戒》却是一部即时消费,即时褪色的电影。

日本著名导演小津安二郎生前曾说过一段意味深长的话,它或许可以成为经典好电影的一个注解。他说:"我自知不如黑泽明的,我的电影没有黑泽明那么强烈的情绪。但我以为,人不用强烈的恸切,其实也能表达悲伤;人不用疯狂的欢喜,其实也能表达愉悦……"所以,小津安二郎的电影较之张扬、博大的黑泽明,总是很淡,很静,很朴,很拙。但恰恰是这种淡与静,朴与拙,却隐忍了更深沉的能量和力量。所以西方人现在想通过电影了解日本,他们更多的会选择小津安二郎。黑泽明,太像他们了。

我们于是知道,悲剧的力量、人性的力量、电影语言的力量,其实并不是简单地等同于激烈的伤感与哀怨的,自然也并不等同于奇巧的离经与怪异了。我们也于是可以循着这样的思路预测一下,李安的下部电影会不会又去拍一个中国式的《洛丽塔》呢?再找一个易先生似的阴郁老男人,再挖掘一个少女明星,然后把沦陷时期的上海背景切换成民国时期;把旗袍再往前赶赶,赶成宽袍大袖、宽边镶滚、飞花走凤的模样；然后再配合《洛丽塔》的老少奇恋……不仅又能够以一种哗啦啦啦的中国风唬唬好莱坞，也照样会引发新一轮我们对老少奇恋的广泛兴趣罢？李安已经很聪明很聪明，他不仅深谙好莱坞的游戏规则，也很清楚沉闷的我们到底想要什么。

只是，就像现在看美国好莱坞大片看久了，就会慢慢看出那种大片虚胖下的贫血来一样：震耳欲聋的音响、极具工业感的特技、强烈的未来时空、刺激的主观特写镜头……表面很震撼人，但它就是做不到不着痕迹地娓娓叙述，就是做不到慢下来和温柔起来。倒像是吃了艺术"伟哥"后一种情绪和资源的透支。所以，我是真不想李安以后再那么老练地为我们讲这类畸恋奇恋故事了。

头文字病

星期五的清晨,我好像被一颗巨大的洲际导弹嘭地不幸击中,猝不及防的。那颗导弹,是流感。

先是喉咙灼热发痛,然后是所有流感都会有的程序在我的身体次第打开。

记得从前感冒,似小事一桩,囫囵吞下几颗穿心莲、银翘片,再捂上被子狂睡一觉,第二日又会抖抖擞擞的。

但现在,没那么好彩。朋友们说,现在的感冒不易好,因为流感病毒已经不断重组、变异着与人类负隅对抗。是呀,从前哪有那么多候鸟一样浩浩荡荡迁徙的人流?哪有如此混浊的空气?哪有那么厉害的大气温差变化?

冬季流感,秋季流感,春季流感,夏季流感。每一个崭新季节的头文字都是病。头文字病。不是头文字D。

面对头文字病,我现在只能变得颇有耐心,每一次且当是上帝对我休息的忠告。我静静地躺卧在床上,虔诚的。听听莫扎特的钢琴。

　　记起朋友保罗的话。保罗说自己每次感冒，都会大吃大喝，最高峰一气吃下六只巨无霸汉堡。因为他坚信，当一个人患病的时候只有大量吸收能量才能给予疾病最强有力的回击。

　　但我，不敢学保罗，因为怕变成胖子。于是只好从超市拎来好几大罐鲜橙汁。饿了，渴了，全喝它。当生命的活力开始一点一点地重新旺盛，我好像看到自己的血液也变成金灿灿的橙了……

酒吧

酒吧这东西,是有气质的。像诗人,而且是落寞的诗人。如落寞诗人的酒吧,常常是带了浓浓醉意的。酒吧音乐是醉的、光影是醉的、作壁上观的海报是醉的。酒吧里,喝酒的人们,喜欢头倚着厚厚的椅背,朝空气吐着烟圈儿,迷离的眼神也是醉醉的。

醉意朦胧的酒吧,成了一切忧郁、多情人的好去处。大约在冬季,何其多的脚步会朝着夜色里的酒吧和黑暗里温暖闪烁的霓虹迈动……

他们环视了一下酒吧,很快挑了个满意的位子。他们再脱去外套和围脖,然后朝侍应要一份、两份或更多的咖啡和酒。馥郁的酒香咖啡香于是一下香溢四座。

在醉意浓郁的酒吧,人们热衷的话题应该是爱情吧。然后还有艺术或其他稀奇古怪的事件。这些个话题是我们不愿在八月的阳光里谈论的,因为那样会太过真实太过清醒和太过具体。

生活目的非常执著和生存指向相当警觉的家伙,是不太喜欢酒吧的。他们说,那种萎靡不振的情调,只会削弱并最终瓦解他们的斗志。

然而,斗志竟是那么重要的吗?在我们的前辈已经完成了太多的斗争、思想和政治,当我们已经有了一些,却还不算很多的生存物质,我们觉得读完了小说,步出了写字楼,还是去酒吧醉一醉的好。

就像一首悦耳的歌,总有好听的旋律,所有的酒吧,也都有一个好听的名字。在这里,名叫菩提树的酒吧正缓缓荡漾着一个女子沙哑的歌声:Let me go。歌声让人想起静夜中,有一个女子,她美丽的双手在黑丝绒上轻轻滑过。

我想,酒吧的散漫,此时正是我们热爱的一种生活。温暖、宁静而美好。我们于是擎着杯子笑呵呵地对着女人的歌声道:不不不,我们一定要喝完了这杯才 Let me go。

第一池绿水

对不起,来迟了,我久违的绿水。

夏季的第一场泳姗姗来迟。其实家楼下是有泳池的。但那样的池,只是当初发展商为吸引置业者而缀的小景观。所有非标准的泳池,在我看来只适宜放养一些小乌龟小鸭子什么的。成人若徜徉其中,只会像韩国电影《汉江怪物》里的庞然怪物。

今年夏天落水前又重新购置了一套行头。尤其那副金属蓝的英国泳镜,巨酷。以前用过国产的,那些橡皮松紧很不爽,未下水戴上已有窒息之感。全副武装后跑到镜前一照,不禁莞尔,活脱脱一个从大西洋潜上岸的水怪和《黑客帝国》里的基努里维斯。

长这么大,我好像没什么值得自己骄傲的健身作为,独独游泳,可以自鸣得意。无师自通,三天搞定。第一天,三五米狗刨式;第二天,十几米的亚标准蛙式;第三天,竟如得水之鱼,极标准的蛙泳一下窜出百米。识水性的人都知道,只要能冲刺百米,千米也就不在话下。缺的不再是技术,而是体力。

记得一个朋友说过,人在运动的时候是最美的。因为在运动时,人的情绪不可能忧伤,也不可能烦恼,甚至连思想都是多余的,你要做的只是将生命融入风里、空气里,然后最大限度挑战自己的体能。后来在一次次的畅游中,我都慢慢体味着朋友的话,的确如此。对着一池波光粼粼的绿水,我总是很开心。

喜欢在标准池里和相识或不相识的朋友沿着一条条虚拟的通道前进,井然地、安静地。宽敞的空间里,只回荡着喘息声,击水声。在那种回荡的声音里,我无数次都感到有一种生命的气息在流动。

而在所有的游泳花样中,我觉得自由泳是最酷的。泳者一抬手,在空中曲成一个美妙的直角,伴着同样潇洒的侧脸,再将手剑一样插入水里,整个过程回肠荡气。只是要游好,还真不容易。

虽然爱极了当一只水怪,也觉得运动是美丽的,但我对一个人真正以运动作为职业生涯却从来不感兴趣。原因是很不喜欢赛场上那种即时淘汰、即时定输赢的冷酷与不可重复性,没有灰色地带和边缘状态。

当然在现实中,又岂止游泳,我其实喜欢自己所有生活的形式都能在一种美妙的边缘中游走;在一种如水的包容、如水的承载和如水的温柔中游走。

今年第一池绿水就这么动了,乱了。黄昏从游泳馆出来,感到身上的毛孔就像无数的夏花盛开,空气也如水果糖一样清甜。此时此刻,我是快乐的。

路灯也悄然地亮开了。一朵又一朵,团团绒绒的,金色的蒲公英一般。黄昏里,仿佛暗香浮动。

疯了，绝对疯了

布拉德·皮特和安吉莉娜·茱莉，全世界一对最漂亮的情侣。这对情侣去年出生的女儿希洛，又被公认是世界最漂亮的女娃娃。

看过一组由 People 杂志披露的希洛照片。这个女娃娃，继承了其母那张如绽放的玫瑰花一般美丽性感的嘴唇。安吉莉娜的美真是致命的。一些娱乐花边新闻曾说，安吉莉娜每次开拍一部新片，片中的男主角最后都会无可救药地爱上她。拍摄《史密斯夫妇》时，结果皮特也成了无可救药的倒霉蛋。

《史密斯夫妇》的导演曾这样描述过皮特和安吉莉娜那致命的邂逅："在片场，他们为电影交流了两个小时，然后，你分明感到他们之间正在发生一种微妙的化学反应……"再然后是，皮特不顾一切地迅速离开了妻子安妮斯顿。很可怕，居然没有男人能够抗拒安吉莉娜的。后来我看《史密斯夫妇》时，觉得电影并非精彩，影片远不如皮特与安吉莉娜现实爱情"真人秀"来得过瘾。

当然，这对全球最漂亮的情侣，还是有着他们共同的人生乐趣和志向的，比如热爱儿童。这两个家伙都疯狂地喜欢孩子。想起安吉莉娜在纳米比亚待产时，她挺着微微隆起的腹部沐浴在非洲热烈的阳光里，风采迷死人，从未见过那么美的孕妇。

亲生女儿希洛，再加上安吉莉娜从扎哈拉尔和柬埔寨收养的两个Baby，皮特和安吉莉娜现在已有了仨Baby。但他们多多嫌不够，最近公然声明，他们将收养至少十个Baby。疯了，绝对疯了。

我曾听美国的朋友说，自从"9·11"后，美国人的生活哲学有了很大的改变，除了慨叹人生无常，他们从未像今天这样珍视家庭的幸福，也于是引发了美国新一轮的生育高峰。好莱坞向来是美国人价值和生活的风向标，明星格温妮斯、茱丽亚·罗伯特、汤姆·克鲁斯引领风骚，纷纷大生特生。

许多许多年前，美国作家怀特在《这就是纽约》中这样讲过："纽约的微妙变化，人人嘴上不讲，但人人心里明白，这座城市，在它漫长的历史上，第一次有了毁灭的可能。一小队形同人字雁群的飞机，立即就能终结曼哈顿岛的狂想，让它的塔楼燃起大火，摧毁桥梁，将地下通道变成毒气室，将几百万人化为灰烬。死灭的暗示是当下纽约生活的一部分……"——这段文字，自"9·11"后，曾无数次令我惊叹怀特他那超时空的可怕预感，我甚至怀疑拉登是否受了怀特这些文字的启发和指引才发动了9·11呢？

——不管怎样，纽约最高傲的双子星已经彻底消失在美利坚明媚而哀伤的视线里，它只为纽约和美国留下了一个巨大的黑洞。就像摘去了一个美国漂亮少妇湛蓝色的眼球和一只丰满的乳房。

但我还是从皮特和安吉莉娜,还有许许多多美国人疯狂热爱儿童的行为,感受到他们的乐观和坚强的力量。纽约也仍然是吸引渴望向全世界贡献才智的人们的活力之都。——十个孩子,十个美妙的音阶,多来咪发索拉……想象着皮特和安吉莉娜未来的十个孩子,某年的某个夏日,他们小分队似的一溜排列,灿烂的阳光洒在了他们的脸上,头发上,他们的糖果上,他们的皮球与布娃娃上……而我只能摇摇头笑着说:疯了,绝对疯了。

三两枝 （油画）

穿过发间的风

"我热爱生命,总统。

我不是一个忧郁症患者,也不是躁狂抑郁病患者。

尽管我惧怕死亡,但不幸的是,给我留下的已经不是生命,而只是一场顽固和没有意义的斗争,去维系我的生理机能。

生命,生命是什么?

……生命应该是一个爱你的女人,是穿过发间的风,是晒在脸上的太阳和与朋友的夜间散步。"

——这一段话,源自一封信,是意大利一名因肌肉萎缩症而瘫痪了长达40年的男子,为了争取自己的安乐死而写给意大利总统的。

在2006年12月20日,这位瘫痪的男子如愿地结束了自己的生命。

我觉得,这是一段诗一样浪漫而又感人的话。

每当我一次次地读着:"……生命应该是一个爱你的女人,是穿过发间的风,是晒在脸上的太阳和与朋友的夜间散步……"我就会忍不住热泪盈眶。

　　我也相信,这是一个非常热爱生活而又非常感性的男人才能说出的话。可他却从没有得到过这一切,这是多么令人心碎的事情啊。

　　而我们所有能够健康、自由活着的人在他看来,又何尝不都是无比幸福的呢?

　　我们应该是幸福的。我们是幸福的。

　　感谢这个意大利男人提醒了我们。他的名字叫皮耶尔乔治·韦尔比。

起风了

又开始起风了。

这就是南方的冬季吗?断断续续,忽冷忽热。

随意走进麦当娜的老哥麦当劳里,向一个样子很周迅的女孩子要了一杯咖啡,一份薯条。

临窗而坐。明亮的落地玻璃窗外,黄叶飘零,在冬天的冷风中漫舞。

人行道上形形色色的男人女人老人和孩子匆匆而过,却没什么活力。

低头喝一口咖啡,再掏出韩寒的小说慢慢读。千万莫笑我无聊啊,就因为我比韩寒同学大许多吗?如果是那样,我不会生气。

只是在这样一个起风的日子,这种阅读恍若时光倒流,又把我一点一点带回到从前。

那个时候,这个世界还没有少年天才韩寒。但刘索拉、王朔,还有日本的村上春树都讲了类似的故事。

是的,是这样的。生活和生存了一代又一代,我们迎来了希望,送走了青春;然后我们又迎来了迷惘,送走了自由,再一次次地迎来勇气与无奈,直到我们送走我们的生命……陈陈相因,殊途同归,无可逃遁,就像韩寒说的"生活就如同碾死一只猫一样没有任何改变地坚决前行"。

实在是没什么不同的。不同的是,那时我们读单行本,现在他们和我们读互联网;那时我们听邓丽君,现在他们听周杰伦。

此时此刻,窗外的风更大了。想来许多许多年前的今天,我们年轻的天空也是正起着风的。

我轻声地问自己:是否要再续一杯咖啡?

闲话坐牢

我想我是一个可以坐牢的人。当然,前提是要有上网的自由、有图书、有画笔、有音乐,最好还有一堆色彩斑斓的毛线球。因为,如果自由只是指行动的自由,我好像已经可以不要它了,有心灵的自由,足矣。我可以很安静地活在自己的内心世界,只因那里纯净温暖,仙乐飘飘,无限风光。

好多年前,我曾经坐在北方的秋阳里,听一个老部长讲述他当年含冤入狱的经历。他缓缓地讲述着,没有情绪,没有悲伤,就像在讲别人的故事,我却听得泪流满面。秦城监狱,整整十年,一段并非短暂无辜的岁月和无辜的生命流失。记得老人最后说,当他从监狱里放出来时,他最不习惯的是光亮,他说外面的世界太亮了。光亮,令他晕眩。他已经习惯了黑暗,就像他已经习惯了孤独一样。令他始料不及的是,曾经热切盼望的自由,却以一种生命无法承受之光亮出现。

而我为什么感到自己可以坐牢呢?就因为现实到处都是廉

价而虚弱的自由?就因为现实充满了生命无法承受之轻飘飘的轻吗?

前不久邂逅一朋友,他告诉我因为一些误会,他前年春天被莫名其妙地关进拘留所五天。惊奇的是,他觉得那五天非常美好。他无欲无求,每天只需面对自己轻轻松松地活。他风趣地说,拘留所当然不能媲美星级宾馆,但至少也是三级的。那几天,他远离了现实中的人事纷争,远离了工作上的烦恼,远离了金钱和成功的压力,也远离了老婆无休止的絮叨。他不愁吃穿,自由畅想,拘留所的工作人员和蔼可亲。他甚至很快乐地制定出以后长期被关押的人生计划:读三百本书,再修一个学位。

我说,也许一个心灵自由的人是不怕坐牢的。他说对极了。所以,当拘留所负责人通知他可以走人时,他竟无比惆怅。

因为现实的荒诞,或许待在监狱反而能给我们一个顺理成章逃避荒诞和异化的借口?潜意识可能是这样的。反正,只要生活标准不太恶劣,我想,我倒真是一个蛮适合坐牢的人呢。

宝贝

上海滩的女写手里有两个宝贝,卫慧和棉棉。

好久没有棉棉的消息了。这两天倒是读到了她一篇文章,大意是讲物质与堕落什么的。知道她现在喜欢过一种极其简约的生活。她说:我清楚地看到,无论你曾经是谁,无论你曾经拥有多少,无论你曾经多么不在乎死亡,在死亡来临的时候,所有人都强烈地渴望光明,而光明是非物质的。

光明是非物质的。

我相信,这是棉棉的肺腑之言。因为在这之前,就已经知道她是个虔诚的佛教徒了。而卫慧后来的《上海宝贝》续篇,也是叫《我的禅》的。她们一前一后,不由自主地都趋向了同一个温暖的目标。

从前的卫慧和棉棉,可是一对死党啊。但她俩的人生却又是那样地不同。棉棉,是沙漠里一株野生带刺的仙人球;卫慧,则是温室里一株自在成长的百合。少女时代的棉棉,任性放纵,离经叛道,流连夜场,还一度被毒品困扰,是个典型的问题女孩。生活里的棉棉,最吸引人的是她有一把非常性感、沙哑的嗓音。所以,卫慧《上海宝贝》里的"宝贝"原型,其实就是过往现实里的棉棉。棉棉,是早期卫慧小说里最生动、最美丽的一朵"棉花"。

但是后来,她们两个互不理睬了。女孩子的事情很奇怪。总觉得,少了棉棉,卫慧后来小说里的人物像患了地中海贫血,很苍白。棉棉是卫慧小说生命的维他命与蛋白质。

可两个不再往来的宝贝,后来始终是生活在同一个华丽的时空里。

接着,棉棉信佛了;棉棉当母亲了。再接着,卫慧写《我的禅》了;卫慧也扬言要封笔了,渴望有个丈夫和有个孩子了……仍然,一前一后,亦步亦趋。

但不要紧啊,想想她们能在上海这么一个高度物质的地方,惊世骇俗地对我们说上一句"光明是非物质的",实在已算两个不简单和稀奇的宝贝疙瘩了。

怕官

我这个人胆小如鼠。如果见官,那更是胆小如一颗鼠屎了。

其实,我的父亲从前就是个当官的,但不知为什么我依然怕怕?

因为怕,我自然是不谙于与当官周旋或交往的。如果非要交往,那我会像一头愚不可及的蠢驴。

于是,有官安慰我:"不要怕,石娃,至少我是很亲民很民主的喔。"

哦,对不起,如鼠的我可不相信。如果是那样,那你必定不是一个称职的官。因为啥官啥官的,本身就是一种权力和权势的称谓呀,你要使这个称谓名副其实,理所当然地就要赋予它威严感、敬畏感,甚至专制感啦。所以官必定是有官样的。

所谓的官样,也就是由这些威严感、权力感和优越感……种种元素交配糅和后,再化作春风细雨润无声地融入官人的眼神、笑容、服装、发型、举止、谈吐后"咔嚓"、"咔嚓"、"咔嚓"定妆的。

我觉得那些个元素，都很暧昧很微妙，就像蒙娜丽莎的微笑和达·芬奇的密码，要解释它、破译它需要特别的智商。而我不具备这种"暗算"的智商。

记得有一个朋友说他在单位上厕所时最怕碰到他们领导了，因为领导一进来方便，他霎时间就会惊得连尿都尿不出来。朋友们听罢，当时嘀嘀嘀前俯后仰地笑倒一大片，嚷嚷："不信，就是不信，段子，绝对是段子！"但我偏偏相信喔。

还记得，有一年一位大朋友要当某协会主席了，我电话里竟不知天高地厚地傻劝他，不要当，不要当。大朋友说，总不能敬酒不吃吃罚酒吧。

是呀，做人哪有那么傻的，不吃敬酒偏要吃罚酒、吃苦酒、吃毒酒的。人在江湖身不由己，人都是很无奈的东西。但"良无盘石固，虚名复何益"，古人都这样说了的，所以至今我还是固执地喜欢大朋友自始至终只是一个纯纯粹粹的艺术家。

说电视

记得海湾战争那阵子,我认识的许多男孩女孩全都蜂拥到城东那几家军用品商店去了。甭管腿长腿短腿肥腿瘦,一律要了那款陆军大头靴。霎时间,和平的广州街头仿佛亦硝烟弥漫。

我想,大头靴那时候的风靡,少不了电视的影响。电视中沙漠里那些剃了光头穿迷彩服大头靴的美国兵,很吸引这些叛逆的孩子呢。

然而,又何止孩子们?那会儿,大人们早上、傍晚都迫不及待地凑在电视机前隔岸观火。

大概是和平与乏味的日子太漫长了,那么遥远的战争透过砧板大小的电视屏幕真真切切地送过来,我们便感到那些平凡的日子多了一种内容、多了一项刺激。

后来,我又看过一部英国电影。电影中有个曾经活跃在战地的优秀专栏作家。那晚,作家很颓废地走进了一个堂而皇之的社交舞会。

他贴着女主人公耳鬓脱口而出的第一句话就是:战争结束了,乏味的日子重又降临。

自然,女主人公后来疯狂地恋上了作家。

真的,平凡的日子中异乎寻常的内容与刺激少得可怜。后来,我们退而求次,只奢望每晚的电视节目有那么一点新鲜,但这奢望也总是竹篮打水一场空。

在许多个黄昏里,我留意到热衷看电视的慢慢剩下了三种人:老人、儿童和中年男人。

老人是嗜好粤语残片的,除此,他们也嗜好90年代男欢女爱的剧集。也许粤语残片教他们回味往事,现代男欢女爱又令他们对新生活充满绝望的艳羡和幻想。

儿童的电视口味当然大相径庭于他们的爷爷、奶奶啦。他们只会牢牢盯着电视,然后让一种"嘎嘎叽——嘎嘎叽"的声音不停地回荡起来。他们在打机。

看电视的三类人中,最无聊的恐怕要数中年男人了。他们通常什么都看,或者说什么都没看,最爱攥着个遥控器不停地换频道。

后来,我问一个人到中年的工程师,就真的那么热爱电视吗?

他眼盯着电视摇摇脑袋说热爱个屁。他说每晚除了将报纸从头到尾读一遍就不知该干啥了,不看电视干坐,老婆就会唠唠叨叨说他思淫欲,他只好选择坐在电视机前不停地玩频道。

其实,现在这座城市的电视网络已经异常地发达了,大概有八九十个台。但就像要在十几个愚钝平庸的姑娘里挑出个最俏最风情的,还真难真难。

就这样,每一晚,月朦胧,鸟朦胧,乏味的日子和电视总是一成不变。深夜,当电视播音员带着古怪的微笑道过晚安后,我们坐在黑夜里,感到很无奈。

大丽花 （油画）

美国来的

那一年夏天知了照样叫唤个不停。

我和琳达小姐邂逅在中山大学东区一棵硕大的老榕树下。

琳达是美国来的。琳达有一头非常灿烂的金发。由于不懂得外国人怎样才算美,所以至今我也不知道琳达是否算得上漂亮的美国人。只记得琳达的长相有点像那个后来成了 CNN 老板太太的女明星简·芳达。简·芳达是好看的吗?

那个下午,我和琳达盘腿坐在一片热烫烫的草坪上。琳达用结结巴巴的汉语为我描述了她的家乡和她的家庭。琳达的家乡在美国南部一个风情纯朴的城镇,那里的风光很像印在一枚邮票上的画儿。

琳达在美国念的是社区管理这样一门我们还很陌生的专业,有一天琳达翻看画报,看到了中国的一种刺绣,她就决定到中国了。

琳达肩负一个大背囊先是到了长城脚下。背囊里面有个大大的枕头。她对我说:"枕头对于美国人,不,对于任何一个出门在外的人都很重要。"

琳达留学中国后,很快回美国了。但没多久,琳达又回来了。她说,美国并不需要我,它太现代化了。

琳达后来和一对美国夫妇去了贵州的某个城镇。据说那里流传着许多传奇故事,还有许多古怪的银头饰。我说,你何苦到贵州,在广州教人学外语也可以的呀。琳达说,你们广州已经非常美国了,广州并不需要我。

琳达在贵州研究中国少数民族民俗,并教当地人学外语,一个月只有300元人民币。我感叹她这样生活过于清苦。但琳达说,其实人类本来就不需要太多。

最近琳达写信告诉我她又到了西昌。我是个甚少出门的人,对西昌一点儿也不了解。但女友梅曾在一系列美文中描述过西昌。于是,我倒很想在今年春天抽几个闲日子到西昌,看看美国来的琳达和西昌。

然而,我真正想看的又何止一个琳达和西昌?那天,我和女友们也有了当年琳达的那种感觉:广州并不需要我们,因为这座城市已经是那样的现代和那样的物质。这个城市虽然越来越富,可我们知道自己却越来越穷。

后来梅说,我们干脆放弃一切到乡村教农民的孩子识字罢。

真的?我们有朝一日会抛弃我们眷恋的口红、时装,也背上一个非常重要的枕头去西昌或别的什么地方吗?

我想,那一定会是另一段燃情岁月的开始。

面对镜头

"许多年以后,面对行刑队,奥雷良诺·布恩地亚上校将会回忆起,他父亲带他去见识冰块的那个遥远的下午。"——这是小说《百年孤独》的开场白。

记得,我曾经很无聊地想过,我这辈子大概都不会像小说中布恩地亚上校那样挺戏剧挺悲壮地面对行刑队,因为我不闹革命,永远只是个胆小如鼠的良民。但不知为什么,自从读过这部小说,每次面对照相机或摄像机这类玩意儿,我都会无端端联想起《百年孤独》的开场白。

——那是个带点诗意、凄美和苍茫的短暂场景。那会儿,阳光正普照大地。普照的阳光令人晕眩。如同行刑队队员的摄影师就站在太阳升起的那一边,阳光很不温柔地打了我一脸一脑门。我不能动弹,等待着摄影师在镜头里窥视我、琢磨我、捕捉我、俘虏我,我每一根随风飞扬的发丝和每一颗随阳光闪耀的青春痘都不可逃遁,直到他最后"咔嚓"一声"结果"了我。

因为加西亚·马尔克斯那一段被我胡乱想象过的描写,我一直很佩服那些能在镜头前表现自如的人,他们从来不会像我一样面对镜头有如面对行刑队一样的荒诞感受。但我有,我偏偏有。所以我愿意远离镜头。

那天,我在环市路邂逅一个蛮可爱的摄影小子。他说,怎么样,头顶三月蓝天,背靠帝国大厦一般的楼宇,周围还有晃来晃去的雅皮士,我就跟你这样子来一张。我说,那你照我的后脑勺罢。

摄影小子觉得很没劲,我就买了个热狗安慰他。他边嚼热狗边认真地告诉我:"一个不愿面对镜头的人,通常是外表丑陋,内心阴暗的人,是不敢正视他人和正视自己的人;通常他们拒绝曝光,只是为了制造某种可笑的神秘和说明他们不事张扬,但恰恰这些,却反映了他们心灵世界极端地脆弱和虚伪。"他最后问,"石娃,你承认这些吗?"

这时,我已将属于自己的热狗全部吞到肚子里。我感到心满意足。我于是快乐地回答:"我承认。"

风筝

　　风筝是有风的日子天空中一片飞翔的彩色叶子。——这是我自儿童时就对风筝这玩意儿所产生的一种印象。

　　放风筝,实在是一件浪漫的事情。因为那会儿,必须有天有地、有风有阳光,还要有仰望、追寻的目光。那目光必须跟风儿和天空一般深远与执著。

　　放风筝的日子应该是从前的事了。放风筝的行为也应该是从前男孩子的事情了。记得,那时候孩子可玩的东西真少啊。女孩子多半扎着小辫子穿着红裙子在玉兰树下跳格子、扔沙袋;男孩子则光着脚丫,剃着光头在太阳下跑啊跑,他们手里捧着一根棍子,棍子穿着个线轱辘。风筝呼呼地飘,线儿呼呼地跑……

　　现在想起来,那时候的孩子真是阳光的孩子、风的孩子。

　　记得那些放风筝的孩子后来觉得在城里放不过瘾,他们又成群结队地跑到了城郊,站在绿油油的田野里放;在来不及到郊野去的时候,他们就干脆爬到那些当时并不高的楼房天台去放。我还记得，我当时认识的一个非常漂亮和结实的男孩，在一个夏天的上午，风儿正欢快地吹着时，那个男孩在一个倾斜的屋顶来回跑着放风筝，最后一失足摔死了。

许多年以后，当我渐渐明白生命自由的可贵时，我首先想到的便是那个因放风筝死去的男孩。男孩那会儿拽着风筝欢快地奔跑，是生命一种完全的纯真、忘我、自由与奔放，那风筝就是他的希望，他就那样欢乐地追逐着、盼望着，乃至失去了生命也茫然无知。

搞不清楚是因为现在的孩子有了太多的娱乐，抑或城市的高楼大厦切断了风筝儿童的目光，反正，我已看不到孩子们放风筝了。我也就看不到风的孩子和阳光的孩子了。

杨老板

认识杨老板,是在城南的一家舞馆里。

舞馆有个怪怪的名堂:嘎嘎。

那一夜,去跳舞的人挺多,大概因为周末。大家轮流粉墨登场下来便高谈阔论。就数杨老板话少。他独坐一隅,不苟言笑,西装革履。乍一看,我们还以为他是哪里的教授和主治大夫呢。

等到杨老板站起来邀小姐、女士们跳舞,才发现他蛮有风度的。杨老板身材是颀长的那一种。在南方,这样高挑、颀长的体型倒是难见,自然,舞馆里也难见。

后来才知道,杨老板可不是什么主治大夫,他是个地地道道的商人。

杨老板经营什么生意,我不知道。只知他是从潮汕过来的生意人,而且生意从前做得很红火,赚到盆满钵满后,也就是现在,他急流勇退,金盆洗手,不再做了。

就这样,我们才在舞馆认识了大概不做买卖后,才有时间流连一下舞场的杨老板。

杨老板用还拖着浓浓潮汕口音的国语告诉我,其实,他不再做生意,是为了有时间舞弄丹青和游山玩水。

我说,李嘉诚也没有停下来嘛。

杨老板就说,我并没想成为李嘉诚啊。

杨老板就这样开始了他的另一种生活:不停地画。

非常有意思的是,我认识不少潮汕男人,他们与生俱来似乎就对两样东西颇有天赋:金钱和艺术。

一种是物质的,一种是精神的。两样都是好东西。

杨老板说,他画画不跟从前做生意那样子,没有什么目的了,纯粹喜好,画成啥样,就啥样。

我没去过杨老板的画室,也没看过他太多的画。但我知道能有杨老板这样洒脱的画画心态,倒是许多画家梦寐以求的。

我只是偶然在两本画报上看到过杨老板的画。一对粉粉的桃花骨朵和一双绽开了的桃花。花一旁,配了一两句古诗,雅致清秀极了。

我就笑他:这像女人画的嘛,而且像日本女人画的。

那天,我坐在家里晒台的阳光中看杨老板的桃花,就想:做买卖跟画桃花有什么内在的联系吗?我只略知字画,不谙买卖之事,便怎么也想不出个所以然来。但我觉得,一个人赚了钱,再醉心画自己的画,这样的人生也够丰满的了。

当然,能像杨老板这么明智和幸运的商人,倒真不多见。他们大多赚无止境,坐拥了金山,又要吞银海的,并为自己找了个很好的解释:人在江湖,身不由己。

以后再听到类似的解释,我想我就可以用活生生的杨老板驳斥他们了。但转念再想,也难怪,他们不继续赚钱又能做什么呢?因为毕竟他们中的大部分,是不晓得在朵云轩上题两句古诗或摹两朵桃花的。

数字

听母亲说,刚出生的我很像一只王八。四肢短短,脑袋与身子混作一团。母亲因此对我的智商和未来成长从不抱任何希望。

我的确不是个聪明人,尤其算术方面。记得童年学阿拉伯数字是很费了番功夫的。我的方法很"甲骨",根据数学形状找一个实物印象。如0,鸡蛋;1,一支烟;2,小鸭子;3,飞翔的燕子;6,哨子;8,麻花;9,倒过来的哨子。6和9于是常常混淆。

到读书时,每到上数学课,我就恶毒诅咒老师发烧打摆子。对每一场大大小小的数学考试,我都如临大敌,胆战心惊。我总是用一种崇拜和疑惑的目光偷窥那些参加省市数学竞赛的神童,并认定他们无异于外星人,但同时也极痛恨神童给予我的强烈自卑感。

就算术的角度而言,我认为古代的女人很幸运。她们只需琴棋书画、红袖添香,无需像今天的女人要懂数学。现在的女人要记月月的家庭开销;记老板发下来的工资奖金;记股票市场浮来浮去的指数；还有以虚避实的神秘年龄；银行存折的账号、密码；打也打不完的朋友、同事电话号。一些朋友知道我数字迟钝常故意坏坏地问，如果你必须嫁给数学家或会计师，怎么办？我总是斩钉截铁地回答：自杀！

因为对数字有眩晕的生理反应，我从不轻易进股票证券市场。到菜市场买菜时，对于那些贼眉鼠眼的小贩我常常先声夺人、扮猪吓老虎地警告：别乱来啊！然后煞有介事瞄着秤杆念念有词地背乘法口诀，其实除了整斤的概念，我是永远无法算清带两的价钱。

然而对个别号码，我倒可以达到永生难忘的水平。比如：8519，把我一揪；5879，吾爸吃酒；5354，不三不四；5759，无妻无酒；7788，嘻嘻哈哈；8564，帕瓦洛蒂；1734，一妻三妾；1997，香港回归；888，娃哈哈；999，胃病灵药；等等。

一个对数字迟钝的人多多少少不适宜活在现代的。现在什么都讲利益，讲利率，讲指数，讲百分比，讲计量分析，我永远是这方面的弱者，自然也就成为现实中的某一个类废品。母亲因此总以这点证明她是个先知先灵的女人。

奥菲斯小姐

奥菲斯不是哪位洋妞儿的名字,它是英文 office 的译音。奥菲斯小姐指办公室小姐。当然,普通的行政办公室小姐是没资格享用这头衔的,它专指那些出入高级写字楼的白领丽人。

那些堂而皇之的街道、酒店,还有堆满了现代化物件的写字楼,最容易为奥菲斯小姐锤炼出一种公主般的气质。但奥菲斯小姐从不穿公主裙,她们只穿类似夏奈尔的考究套装。

我记得也不过10多年前,我们根本不知道世界上还有奥菲斯小姐。那时最吸引女孩的职业是与传媒、文化、艺术相关联的工作,我和几个女朋友于是不约而同朝新闻、文学界挺进。多年以后,就在我们自以为是的时候,奥菲斯小姐横空出世了。奥菲斯小姐不用大张旗鼓,就在两方面轻而易举藐视和挫败了我们。首先,她们动辄年薪几十万的收入令我们深感贫困的耻辱;其次,她们闲聊时总在关键词汇上轻轻滑出一句英语令我们深感自己是个与国际脱轨的土著人。

有天,我去"世界贸易中心"采访一个香港籍的奥菲斯小姐。

中午,香港小姐请我用餐。香港小姐只吃了5只虾和3片橙子,便燃起一根烟慢悠悠地打量我,然后发话了:记者小姐,作为一见如故的朋友,我奉劝你趁着还年轻改行,写字楼小姐是当今最烫手的职业,而记者,记者算什么?你看看香港那些个个"细细粒容易吃"的记者妹和又酸又穷的专栏作家,就可以预测你未来的命运了。——我从来没有认真思考过自己的命运,经她那么一提醒,正在狼吞虎咽的我霎时感到无比惆怅和惊恐。为了打消这种惆怅和惊恐,我突然无厘头地嘟哝了句:可奥菲斯小姐必须面临更多的性骚扰,难道不是吗?

我的弱智和匪夷所思显然令奥菲斯小姐兴致索然。她便极优雅地做了个手势,表示谈话终结,然后丢下几张港币飘然而去。

奥菲斯小姐的飘然离去,使我在那个炎热的下午有足够的时间在西餐厅思考改行的问题。数日后,我为准备成为一的名奥菲斯小姐咨询了女友的意见。女友们也正在喝咖啡,不过是在那种依靠灯光和黑白海报遮遮掩掩的三流酒吧。她们一听我欲当奥菲斯小姐,全乐得打翻了咖啡杯,然后轮流发难,说,你能天天朝九晚五吗?你能笑脸迎送秃头凸肚的老板吗?你能陪客卡拉OK到明天吗?你能将性骚扰视作一种千载难逢的宠幸和机会吗?你能——。我拨浪鼓似的拼命摇头说不能绝对不能。女友们便哂笑,起哄说那你还是继续当三毛吧。

女友的发难和哂笑,使我终于明白奥菲斯小姐风光,但三毛自由。我酷爱自由,所以只好继续当三毛。虽然三毛最后死了,但我们很清楚,她既不是因为贫穷,也不是因为不懂英文死的。

广告人

在海南最火的时候,有过这样一种说法:三颗椰子砸下来,准有一颗是砸在记者脑袋上的。可见那时海南记者何其多。以后北京也流传过类似的说法:挤车不留神踩着三人,必有一脚是踩中了局长的脚。可见京城的官儿何其多。广州的记者和官儿大概不曾如海南、京城泛滥,但今天只要你在广州马路上连堵三辆电单车,恐怕其中一辆骑士就是广告人呢。可见广州的广告人何其多矣。

广州的广告人虽多,却极易辨认。他们通常爱穿牛仔裤,背公文包形的书包,既有点画匠的影子,也有些生意人的味道,反正是一种边缘人。

广州最初的广告人全是些画佬,后来文人说画佬只是工匠,没有创意细胞,遂加盟进来;再后来那些兜揽广告的"刀手"说文人只擅空谈,根本对付不了如战场的商场,便也纷纷扯旗做广告。广告人的队伍一时间浩浩荡荡,但他们并没有会师"井冈山",而是各立山头。所以广告人多,广告经理也多。

说到底,广州人爱当广告人,并不是觉得广告行当比其他行当高贵,也并不是受了那个"不当总统,就当广告人"的美国人煽动。广州人一贯现实,所有广告人都认为做广告多简单多斯文呀,只要有半爿空间和一个电话小姐,就可以开工大吉了。成本薄、风险小、横财就手,遇到麻烦随时关门也没啥。就这样,广告人每天便城里城外地飞。

有一种人是最讨厌也最喜欢广告人的,他们就是老板。老板总是厌恶地把哭丧着脸三天两头上门讨生意的广告人当叫花子一样打发;但老板有时也喜欢广告人哭丧着脸并互相自我残杀地上门讨生意,这样他们便可以趾高气扬,价格一压再压,最后如老子教训儿子一般地教训广告人。有个曾经干广告的小伙子告诉我,有一回他为某化妆品厂设计口红广告,该厂老板硬将自己那个长着一张兔唇的情人推荐给他做模特。小伙子正言老板兔唇无助口红的销量。老板便骂他多管闲事。小伙子是唯美至上的理想主义者,当他通过镜头看到那张无可救药的兔唇时,他终于忍无可忍地命令女人背过脸,然后搁下摄影机扬长而去。小伙子并从此离开广告界。口红老板不以为然,他还轻狂、幽默地预言,小伙子的未来,只能是躲在这座繁华都市的某个角落乞食,那时,他将施舍他一支口红。

老乡见老乡,两眼总是泪汪汪。广州眼下的广告人见广告人,嘴巴总是骂咧咧。他们骂企业和企业主;他们骂广告和广告人;他们骂自己干什么不好干吗非得干广告?!但骂归骂,他们偏偏就是不愿改弦易辙换个活法。怪!

飞机下面

秋天来了。

那天,站在熹微的晨光里面,我们都感到了叶子的飘落。也就是从这天起,我和我的同事开始交上了霉运。我们的上班地点,从全城人仰慕的国际贸易中心脚下,迁到了城乡接壤地带机场路。

新址上班的头天,我一共看到 52 架飞机飞越我的脑顶。数字刚好是我舅的年龄。

从前的办公室很宁静。现在隔着紧闭的玻璃窗,飞机刺破云层的巨大轰鸣仍可以直穿玻璃震耳欲聋。我对头儿说,这样吵的环境怎么编稿?他说会习惯的,把轰鸣当音乐试试。我是个随和而无出息的人。不多久,只要隔上几十分钟没有轰鸣声,我竟写不来文章了。但是,我倒一直没有把轰鸣声当音乐,而是想象自己正在空军基地或飘洒着农药的田野里跑来跑去。这种想象现实、苍茫和具有美感,我喜欢。

其实不止是我，自从迁到新址后，所有同事的思维也变得离奇起来。早上中午黄昏，风中雨中无聊中，大伙都爱趴在窗沿很儿童地数飞机。几个摄影记者还经常支起三脚架，拉开长镜头像导弹一样瞄准蓝天里的飞机。他们扬言两年下来，一定会拍出绝世之作。

置身于飞机的环境，话题难免少不了飞机。我和同事们闲谈的话题，多了震惊世界的空难事件或美丽的空中小姐。有一回，一个男同事竟因为谈飞机而误了坐飞机。

一般来说，乘飞机出趟远门对许多人来说是件重要事情。而我现在天天都有重要事情，因为每次出门上班我都有种赶飞机的错觉。这种错觉，常常激励着我清晨朝远方的蓝天疾步如飞。

有一天下午，我们照例开了次长长的编前会。我暗自统计了一下，共有17架"敌机"骚扰我们的会议。会上，头儿批评我们干"贵族"杂志的记者却很缺乏贵族的意识和气质。我嘟嘟嚷嚷地辩解说，但如果让我们改办一本飞行杂志，肯定会很棒的。头儿愣愣地盯了我3分钟。我至今不明白，他是惊异我的创意，还是怀疑我脑子有问题。

反正，自从开始在飞机下面工作，我已变得不能像以往那样了。每天，当我的双眼，穿过办公室明亮的窗户追随天空疾飞而去的银色大雁时，我就会无端端地发呆。我无比清楚地看到自己。看到自己一生都要这么搬来搬去、跑来跑去地上班下班，下班上班，没有变化，没有波澜，没有传奇，直到成为一个老太婆。

我不能揪着自己的头发上升，然后再舒展双臂像一架美丽的飞机一样自由飘飞。因为当我振臂飞翔,我马上便会成为大地上的一张肉饼。而我不愿成为肉饼——这是秋天里飞机给予我的某种残酷而美妙的幻觉。

讨厌一切

两个女孩,十三五岁的模样,穿着光灿灿的粉红色迷你裙。她们大摇大摆、旁若无人、一脸坏坏地行走在繁华如梦的东京大街上。她们边走边唱,还奶声奶气的却很放肆。她们是一对来自英国的歌手。我在 MTV 上看到的。

两个女孩唱什么,我不知道,但看得出内容很叛逆、很不耐烦。不知为何,看着听着,就觉得自己很老。只因她们那种视一切不是玩意儿的神态和声调。

后来,两个女孩不唱也不走了。她们开始接受电视的采访。两女孩坐在一张秋千一样的吊椅上,边嚼口香糖边东摇西晃地说,她们讨厌情歌,情歌是世界上最闷的歌;她们也讨厌人,人类像飞来飞去的蝗虫。总而言之,她们讨厌一切。如果非要说喜欢,她们只喜欢时装、迪斯尼和巧克力。

算算,这两个孩子应该是生于 90 年代初的,那时候我们的风华还非常茂盛呢,却没料到有一群"讨厌一切"的孩子正呱呱坠地。我们也属于那被讨厌一切的内容吗？但无论你看得惯看不惯，你理解或不理解，反正我们在"讨厌一切"的她们面前，已经成为可笑的人了。我们老土、啰嗦、愚蠢、拘谨、胆怯、虚伪，等等。

似乎每代少年都是这样的，他们迫不及待藐视和厌恶前辈、传统的一切，只想撒开腿舞着手高呼前进。但最后，他们都被人生切切实实的无奈和温柔慢慢击倒，讨厌一切、厌恶一切便变成忍耐、宽恕与希望一切。

如此可爱、灵气走在东京大街上的粉红色女孩，无需太久，她们大概也会讨厌没有一丝英格兰绿的东京，而是换上棉布花裙返回英国迷人的乡村。当然，她们那会儿也一定是"老"了。

不一样的出租车司机

谈不上研究,但真的很喜欢观察一个城市的出租车司机。因为每到一座新城市,下得飞机或钻出火车,除了机场车站的地勤,我们可能接触的第一个人就是出租车司机了。当我们与他们像一听沙丁鱼罐头共处在一个有限的封闭车厢里,我们那时会真切地闻到这座城市的味道,它是沙爹沙丁?五香沙丁?咖喱沙丁?抑或清水沙丁?

上海出租车司机给我最深的印象是干净和帅气。记得有一年春天到沪上,当我步出机场跳上一辆白色的出租车,我发现出租车"的哥"真帅,随便把他扔进哪部时装剧,分分钟都可能大红大紫。记得"的哥"还戴一副白手套。他神情专注,极其专业。

上海出租车的坐椅还喜欢罩着卡其布套。很普通的常识:皮套座驾不易脏,即使脏了,以鸡毛掸、清水或洗涤剂清理一下就好。但布套却没那么好彩,它会毫不留情彰显所有的肮脏。所以对清洁没有足够自信的出租车是断然不敢轻易多此一举的。

后来才知道,干净和帅气,只是上海"的哥"给我的第一个惊喜。接下来,更震撼。只见他轻轻按下音响触键,知道那是啥音乐吗?老贝的弦乐四重奏拉兹莫夫斯基。我吓得轻唤一声"哇"!"的哥"马上说,怎么不喜欢啦,那换一支好啦。我一听,更吓人,卡拉斯唱的咏叹调,普契尼《艺术家的生涯》选段……请想象一下,在畅通无阻的柏油马路上,窗外正飘着江南绒绒春雨,封闭的车厢却像小小歌剧院回荡着一个传奇女人的传奇歌声,还有"的哥"的白手套……那种感觉真是美妙极了。当这座城市以这样一种浪漫为我拉开序幕,我想我是无法拒绝和没理由不爱她的。

广州的出租车司机,倒是上海的反转片。他们机灵鬼马,比较脏乱。但广州"的哥"、"的叔"的脑瓜子和车技倒是世界公认最娴熟和最机智的。在北京,在上海,如果遇到恶劣车况时,出租车司机也许只会选择等待,但广州的出租车司机却会带领你左冲右突,峰回路转,顺利奔向延安的。

北京的出租车司机,也像北京人,非常的忠厚和豪爽,当然也特别能侃。当你从机场坐上计程车开始,只要你愿意听,北京"的爷"是可以口若悬河一直侃到你下车的。话题从上下五千年历史到市政、时政、八卦、吃喝玩乐和名人逸事,而且侃得跟单口相声一样俏皮和生动。

在北京,一个特别的出租车司机曾给了我最难忘的出租车记忆。

那还是在北京最美丽的秋季。有一天,我在下榻的宾馆附近截了一辆出租去办事。依稀记得司机是个厚厚墩墩的中年男人。

到了目的地,我付钱给他,他却不要。他说:"你办完事儿还回原地儿不?"我说:"回的。"他说:"那不就得了,我送你回去,钱不忙给。"我说:"可我还要工作。"接着,我指指旁边的一栋机关大楼。他扬扬手说:"你慢慢工作,我等你,去吧!"北京人的热情有时也喜欢以一种可爱的霸道表现出来。但我还是傻傻地站在十月的秋阳里犹犹豫豫,我说:"可是,"他马上说:"没什么可是,我愿意,明白吗?!"我说:"可是那样会耽搁你的生意,不是吗?再说,"他笑:"再说,你在想这世上没有免费的午餐;再说,我脑门儿没刻着我不是坏蛋几个字儿,是吗?"——嗬,我心想你是我肚里的蛔虫啊还是心理医生啊,我想的你倒全知道。

话说到这份上,我也只好先办事了。一个半小时后,当我步出机关大楼,我发现那辆红色的出租车果然还在原地。车体每一道流线都在北京秋天的阳光里闪闪发亮。于是,他继续载着我驰骋在回去的路上。

行至一半,他说:"知道我为什么这么做吗?"坐在后座的我懵懂摇头。他又说:"听过《小芳》那首歌吗?"我说:"听过的,李春波,样子很贝贝废死的。"他说:"对了,你的辫子,你梳的两条辫子,就像《小芳》那首歌一样突然让我想起我当知青那段美好的时光。"——我舒了口气,原来如此。是的,曾经的我,倒是喜欢顽固落后时尚潮流大半拍地梳辫子。觉得那样老土的发式比较适合自己,简单、朴素、清爽,易打理而已。

出租车司机一边开车,一边继续沉浸在他那充满纯真和理想的知青生活回忆里。他说得非常动情。我坐在后座,一动不动,哪敢吱声。心想,你可别激动得泪流满面就好,否则我只能像好莱坞电影《西雅图之夜》的男主角拼命给你递纸巾了。我于是开始搜寻车厢每一个可能有盒装纸巾存在的角落。

　　下车时,我递钱给他。他只收我来回的实际车程钱,其他打死不肯多要一分一毫。我谢过他,然后跟他拜拜。很快,我看到他和他红色的小车融入了滔滔车流。我一直不知道他姓什么,也没有记他的车牌号码,甚至他现在的音容笑貌都已那么模糊和遥远。但这个司机,却给了我常常温馨回忆北京的可能。从他那里,我感受到了北京人,尤其是北京男人那种粗犷、直率外表下一种善良和善感的细腻与温情。我有时想,这样的司机现在北京还有吗?

香港味道

在香港最近畅销书的排行榜中,亦舒的《地尽头》独占鳌头。已经流行了几十年,还在继续流行。

有人说,亦舒的小说最适宜在地铁上读了。觉得有道理,因为地铁的速度、地铁的风景是一座现代城市流动的气质。亦舒的小说很城市。

非常有趣的是,在香港港岛地铁的这一边,那些男男女女大多都很"中环";而在九龙的这一边,男男女女则要市民得多。而亦舒的小说贯穿着他们。所以无论港岛或九龙的女孩,都爱在搭乘地铁时从口袋窸窸窣窣掏出一本亦舒。在这段随列车疾驰的短暂时间,亦舒的文字温暖和滋润了她们现实中的冰冷。

对于亦舒的小说,我们还是经常会听到文学评论方面有关"流行"或"深刻"等等的争议。对此,亦舒是很聪明的。她的做法有点王朔,先把自己降到最低。她说,我只是在讲故事而已;我只是个写"下三烂"小说的人……话说到这个份上,那些认真的文学评论家们,也就不好再说什么了。

过去我们总说香港是文化沙漠,大概也是指香港的文化普遍缺乏我们所认为的某种深刻和博大内容吧。但文化其实是一个多元的概念。香港是一个高度资本化的社会。他们没有公有制,没有铁饭碗,生活指数之高位居世界前列。香港人每天清晨一睁大眼睛,面对的首要问题就是沉重的生存。他们明白,只要手停,就会口停。他们于是信奉的人生哲学只有一个字:搏。搏到残!搏到死!——显然,要求在这样一种生存环境里的人们,再慢悠悠思索文学的哲学意义和历史责任,不仅奢侈,而且不现实。

但读者却很买账。亦舒的作品从来都畅销。一路从香港杀到大陆,畅通无阻。对此,亦舒多少还是有点得意的。她说,作品流行是作家的光荣,没人看,未必就是高尚深刻,当作品清高到不可攀的地步,对大众又有什么益处呢?

几年前,我曾买了亦舒的全部小说,然后以每天两三本的速度阅读。只因好看,读来轻松,欲罢不能,索性沉迷。尤其喜欢她的《喜宝》。

关于亦舒,也有人喜欢将她与台湾的琼瑶相提并论。这令亦舒和真正喜欢亦舒的读者大为光火。应该说,亦舒和琼瑶不在同一个精神层面。琼瑶的小说是梦;亦舒的小说没有梦,有的只是活生生的冷静人生。

年轻时的亦舒,当过记者和编辑,留学英伦,后又经商,做公务员。在这种广阔、多姿多彩而又国际化的生活背景下,亦舒用她一支笔,勤快地道尽了香港中产阶级、香港经济独立职业女性的情感世界。没有琼瑶式的奇情和奇恋。只是鲜活地、明快地、平淡地讲述他们的快乐,他们的痛苦,他们的成功,他们的挫折和他们的挣扎。

……最近再读亦舒的文字,我开始喜欢以粤语的语境来阅读,倒也别有一番趣味。那是一种地地道道的香港味道,像遍布香港大街小巷茶餐厅里的西多士煎蛋和鱼蛋汤米粉。

九七前,香港的好些女作家也是喜欢社交、流连波场的。但亦舒自始至终都是最低调的一个。写作,构成了她生活的全部。今天的亦舒虽已移民北美,但她的文字,却仍然是属于地道的香港味道。

童话·夜宴 （油画）

香港名媛

施养德这个名字在香港是很有名的,他出品的杂志,尤其是杂志艺术风格,可以说是香港某个时代的标识。

我对施养德杂志风格印象最深的,是那强烈的黑与白。他的《清秀》杂志就是这样的:白白的底,压粗粗实实的黑标题,既醒目又清爽。后来见过施养德本人,也是黑与白。无论春夏秋冬,他总是白衬衫和黑西装。常让人想起国际象棋和钢琴琴键。

读过施养德的一本书。一本写了香港十一个,不,应该是十二个单身女性的书。她们都是香港地香名遐迩的名媛。列数下来有王丽明、李乐诗、林燕妮、纪文凤、徐小凤、陆恭惠、张天爱、张淑仪、赵金卿、廖凤明、刘天兰。而第十二个,是个虚构的女郎。

施养德在这本仍以黑白色作封面的书里,惟妙惟肖地描述了十二名媛的生活。名媛有的从文,有的从艺,有的从商从政。很难用现在流行的什么"小资"笼统形容这十二女流,她们就是她们。在香港那样一个曾经有着特殊历史、特殊风俗和特殊地域的国际都市,她们如此地选择了自己的生活而已。

先说王丽明,一个漂亮的上海女人,她也是施养德先生的前妻。独身后的王丽明,先是单枪匹马在香港地开了一间皮革店,后来发展至数十间。

而李乐诗呢,离婚后就一直没再结婚,而是开始了"背囊睡袋游世界"的浪漫冒险生涯。李乐诗曾数度赴北极,没经费了就卖房子,一间间地卖。所以一般香港人都是房子越买越大,李乐诗的房子却是越卖越小。在十二名媛中,我觉得李乐诗应该不算"媛",她是一位勇士。

还有张天爱,结三次婚,离足三次婚。张天爱第一次嫁了林青霞现任老公邢李源;次婚嫁了个律师;第三次嫁了个老外。张天爱说,男人都不能接受她对事业的疯狂,所以她只好一次次地选择离婚。今天的张天爱,已是服装界名副其实的女强人。

在我们的现实中,许多女孩子写作还只是为名为兴致或为赚点外快,但十二名媛中的林燕妮就不同了。在书里,施养德这样写道:"追求富裕、欢乐、浪漫是令林燕妮活下去的原因。……当我们(林燕妮和施养德)离开中国会长征吧,楼下已经有一辆蓝色的劳斯莱斯在久候多时,司机有礼貌的为她打开车门。"——记住,不是别的,是劳斯莱斯。它是林燕妮生活的一部分。

还有赵金卿,也是个离婚女人,长得端庄秀丽。她是美国利宝银行亚太区资深副总裁。赵金卿早期在私人银行工作期间,客户有泰国皇室,有在任将军,有本埠富豪,而经她手的银行管理数目总是过千万过亿美金。但别以为这样赵金卿就风光得很,她告诉施养德:"要在男人世界中立足,就不能当自己是女人。有时为了应酬,我也豪饮,也会到风月场所去!"——看看,什么都是有代价的。

而她们付出的某种相同代价,恐怕就是现在的一种生存现状,未婚或失婚。当然"代价"一说已很老土啦。

想想,我在广州的好些女友也像十二名媛,离婚的挺多,没离的,也总有这样那样的不如意。可除了感情困扰,她们的生活和事业还算精彩,但比起施养德笔下的十二名媛来,还是逊色多了。

摇摇摆摆

香港最近有点烦,有点烦。这烦,先是源于陈冠希的一系列"不雅照"。——我真是孤陋寡闻了,因为至今竟没看过陈的一张"不雅照",我对陈冠希这个香港小帅哥也不太了解。只是这类照片,在现在的网络里还少么?只要把陈冠希、张柏芝、阿娇啥的模样儿移花接木过去就是了。

在弹丸之地的香港,人们除了高度资本主义地辛劳和生活,娱乐八卦可能就是他们最主要的休闲文化了。香港街道的报摊儿,也总是充斥着这类花花绿绿的新闻。或许,陈冠希的照片是不雅的吧?当它们并非刊登在《花花公子》这类刊物的时候。但我想,如果他这种"怪癖"或"变态"并未公开或冒范别人,雅不雅的,又与谁相关呢?

难道那些热烈追捧"不雅照"的看客就"雅"了么?如果没有他们对那些打着马赛克部位的津津乐道和想象还原,所谓的"不雅照"只不过是一堆没太多意义的无聊图画罢了。大概一边挤在熙熙攘攘的网络看别人的隐私和尴尬,然后再一本正经地指指点点说说别人"不雅",真会显得自己很雅的吧。

陈冠希后来出来道歉了,大家于是又都有点失落了。因为他们知道,这意味着这出戏就要落幕了,他们无聊乏味的生活又要开始了。

在"不雅照"进行得如火如荼时,有一颗"开心果"和"及时果"倒是暂时缓和了一下气氛,她就是肥肥。——很奇怪,1997之后,张国荣、梅艳芳、罗文、黄霑、肥肥一个接一个地离开了,用香港人的习惯说法,他们各各都是天皇、天后级的人物啊。总觉得,这样接二连三的离去,很像是一种象征和符号,它要把香港一个时代的式微和结束以这样的方式记录下来么?

这两天刚好在读弗兰克·韦尔什的《香港史》。书砖头一样厚,70多万字,也读得有点烦,有点烦。书的史料丰富原始,观点中肯,记述了1838年到1990年小小香港岛的历史,当然也是记述了西方的亚洲殖民冒险史。一边读这本书,一边听着"不雅照"最新动向的鼓噪,倒真是有点过瘾。

不管怎么说,当我把目光从香港那边收拢回来,发现南国这边温暖的春日倒是来了的。尽管这春日有点破破烂烂,但它竟是摇摇摆摆地来了的。

弗兰克·韦尔什的书最末有这样一段:"在中国早先的动荡时期,香港一直安全地置身事外,在第二次世界大战的日本占领时期,香港人民却被其殖民统治者置于毫无保护的状态。他们从这场大浩劫中恢复了元气,在很大程度上是靠自力更生,既没有从英国得到多大帮助,也没有受到英国的阻碍。整个战后一代人除了最基本的社会供应之外一无所有,他们往往在极为恶劣的条件下辛勤工作,迸发出令人惊叹的活力。他们凭自己的双手创造出他们完全有理由为之自豪的社会。"

但愿在这个摇摇摆摆的春天,香港别那么烦了吧。

广州人

这个国家太大,以至对着老外说你我是什么人,不能光说中国人,得说是上海人北京人,是南京人广州人沈阳人。而决定你我是什么人,有一个叫籍贯的东西。

我的籍贯,并不是广州。但生于斯长于斯,说我不是广州人,已不可能。而让我感到自己是个真正的广州人,倒是从热爱广州茶楼开始的。

广州茶楼,是一个喧嚣的地方,它与咖啡馆断然不是一路的。咖啡馆暧昧、伤感而小资,但茶楼却热闹、明朗和庸俗。

广州的茶楼,没有季节性,一年四季都供应叉烧包、猪肠粉和老火白果粥什么的。那些穿白上衣、阔脚裤、平底黑布鞋的女跑堂,总是推着茶点小车穿梭在熙熙攘攘的茶客丛中。——从前,并不喜欢,可现在觉得这样的画面很温暖。

一个孤独寂寞的人,如果落座咖啡馆,通常会一手擎酒,一手捂着胸口,然后很自恋地将寂寥的心情,一点点、一点点地放大,再放大；一点点、一点点地深刻，再深刻；直到自己也"咕咚"栽进酒杯酿泡成一个网络时代的徐志摩才昂首阔步走出伤心咖啡馆。但怀着同样心情落座广州的茶楼，这个寂寞的人儿只会为自己的"文艺"而羞愧。

这些年来，听说好多省市的商家也移花接木、有样学样广州的茶楼生意了。但最后结果都是水土不服，垂头丧气地放弃了。我想，原因就是广州的茶楼实在是庸俗的，而北方或江南的文化，是那样的高尚而典雅，如何接受得了？

茶楼文化只被一代代广州人香港人传承着，归根到底是这里的人更适宜平平淡淡生活，他们鸡飞狗走地躲避着崇高与理想。在漫长的岭南历史里，这里的人们也总是集体性选择卑微和机智地活着。

已经是那样地热爱广州和广州人那种笃笃定定、不卑不亢、机灵鬼马的气质了。广州的点点滴滴已入我骨髓、入我血肉，我喜欢自己是一个广州人。

洗澡

女友草草很厉害,北京方面要帮她搞摄影展。但从北京筹展回来的草草却把北京骂得狗血淋头。草草说奥运前夕的北京城现在像个巨大的地盘,地铁里大街上到处都是风尘仆仆的人,而那些人已不复记忆中的北京人,又脏又丑。弄得我也没心思跟她北漂一回了。

已经好多年没去北京了。但不管怎么说,记忆中的北京始终是一个趣味的城市,哪怕它还有这样或那样的不如意。

哥哥去法国之前,曾在北京某部做法语翻译。那些日子到北京,我自然就会住他家了。哥哥当时住海淀,大楼是单位新盖的,小小的两室外加一小偏厅,倒也别致。但奇怪的是,遍寻厨房和洗手间,竟是找不到下水道的。记得住落第一天,我说我要洗澡。哥和嫂问:洗什么澡?你没看见我们这里没下水道的吗?我说:有没搞错?那你们平时怎么着?干炒牛河吗?!(粤语:意思是用半干湿毛巾擦拭了事)嫂子说:单位发澡票,我们到澡堂子洗。

哥哥则干脆不耐烦地呵斥我：你呀就别穷讲究了，凑合着过罢。我一向极听哥哥的话，看来也只好凑合着过了。可我到现在都不明白为什么厕所会没下水道呢？也很懊悔当初没去见识见识京城的澡堂子。

后来再到北京出差，我就住这边市政府的驻京办事处。心想，毕竟是常年接待南方人的地方，下水道总会有的吧？住进去，发现办事处宾馆倒真有很好的盥洗设备。可对不起，热水嘛，只在每天上午和傍晚的7点到7点30分供应。可那是隆冬腊月啊，我总不能每天傍晚正在外面工作和用餐的时候飞车回来赶那短短的30分钟吧，何况北京是如此如此的辽阔。可宾馆才不管那么多，晚上7点30分一过，我试着拧开水龙头，小心翼翼伸出一根指头轻触水温，那细细的水流竟冰冷如刀，疼得我急急缩手。后来退房时，我跟办事处主任提意见说，总要考虑考虑南方人的习惯嘛。主任打个哈哈官腔十足地：同志，入乡随俗吧！

再往后，我还住过干爹干妈家。干爹是个老革命，一家人住在沙滩的一套四合院里。四合院光洗手间就有三个，这下可把我乐坏了。第一天住下，我又堂而皇之地提出洗澡。干爹一家全呆了，说：洗澡？洗什么澡？我们每逢星期天才用锅炉烧一次水，然后全家轮着洗，平时不用洗澡！——哇，有没搞错？我几乎要哭了。如此平凡的身体卫生竟搞得像一次集体屠宰大行动。我，彻底服了北京，服了它可爱的简朴和可爱的粗糙。后来干妈说，要不你自己烧水吧。好，烧水就烧水。我有条不紊地把他们家四个暖水瓶统统灌满。但在北京寒冷的冬天,滴滴热水始终贵如油。等洗毕头洗毕澡,我才发现,这洗,竟比不洗还难受。南方人管这种不爽的感觉叫"到喉不到肺"。

微波炉之夜

那一年的圣诞前夕,我与香港同事茱蒂到北京出差。这一次,我们住在 BJ 饭店。

说实在的,我很喜欢这间饭店,原因简单,因为它建于 20 世纪初,有历史感。就好像在上海,我更喜欢住旧锦江多过住新锦江。道理是一样的。

当然,除了历史感,我也喜欢 BJ 饭店浓郁的中式古典建筑与欧洲古典建筑浑然一体的大气。尤其是步出饭店大门,就可以即时感受十里长安的那种绝代风华。那风华,它哗啦啦地扑面而来,任你怎么挡,也是挡不住的。

但也许老建筑也有老建筑的麻烦吧,入住 BJ 饭店的当晚,我和茱蒂发现,在美丽的圣诞前夕,我们开了暖气的客房,已经根本不是温暖如春,而是温暖如夏、如酷夏、如沙漠了。

以前冬天入住北方的饭店,好像只会担心供暖不足的。可那天奇了怪了,房间里的暖气超级强劲。后来我们干脆把客房通向酒店中庭的窗户打开，让12月的冷风长驱直入，竟也无法平衡强有力的温暖。

我和茱蒂就像两只热锅上的蚂蚁，穿着薄薄的丝绸衫在客房的红地毯上来回走动，依旧热得大汗淋漓，只好不停地灌凉水。自然也会操起电话求助服务生了。急急脚跑来的服务生倒是热情的，口才也了得。一口京片子，语速飞快，恍惚间我以为自己是在听王朔侃侃而谈。服务生把暖气问题解释得条条是道，但就是没办法解决。我和茱蒂隔着门缝，探着两枚脑袋啄木鸟似的拼命点头称是是是。

同事茱蒂倒是个少有的大大咧咧香港女子兼大笑姑婆。处在水深火热中的她不但不恼，反而笑得花枝乱颤，一个劲儿地嚷：好好玩啊！真是好好玩啊！

还好，我和茱蒂只在BJ饭店小住一晚，翌日一早我们就退房打道回府了。——前台，一个很可爱的大男孩一边为我们办理退房手续，一边很有礼貌地询问我们对饭店的服务意见。茱蒂边嘎嘎笑边用她半咸半淡的普通话说：好好玩啊，谢谢你们让我们度过了一个难忘的微波炉之夜。

男孩懵懵懂懂，张大嘴巴，疑惑地看着我俩。我说：你不明白了吧？我们都快成北京烤鸭了，埋单吧。

埋完单，拖着行李，我和茱蒂踩着长长的红地毯步出北京饭店。啊，红地毯。我说：这时候要有《婚礼进行曲》就过瘾啦！茱蒂听罢又是一番捧腹傻笑。

步出饭店的一刹那，北京清晨第一股凛冽的寒风也飘然而至。也许因为在"微波炉"转了一宿,在我人生的记忆中,我好像再也没有感受过比这天清晨更美妙的寒风和呼吸过比这天清晨更甘甜的空气了。我闭上双眼无限陶醉地深深地吸了一口,然后对着晨雾缭绕的长安大街轻唤一声:北京,你早!遂与茱蒂跳上出租,朝着机场,一路狂奔……

最后一滴奶茶

有一年为了组稿,我得三天两头地飞上海。以至后来,飞来飞去飞到万分恐惧。可那次听到老板又叫我飞上海,倒是有点开心。因为秋天来了,我想公私兼顾,到上海买一双榔头皮鞋。

榔头这"榔",上海话还好发音,后面的"头",外地人可是很难模仿的。听说过吗?榔头皮鞋。一种笨笨的、方头方脑有着厚厚墩墩后跟的系带全牛皮皮鞋。

到了上海,我卸下行李,不管三七二十一,先去找我的榔头皮鞋。但跑了无数间皮鞋店,竟也找不到我想要的榔头皮鞋。鞋店小姐纷纷忠告我:榔头皮鞋?好老土的啦,早过时的啦!我问,那现在流行什么?她们就拿出一些五颜六色有着尖尖细细后跟的一脚蹬皮鞋。那些尖细的后跟当时还兴打着亮锃锃的钢钉。

我知道,号称中国制鞋之王的广东东莞,那会儿最盛行生产这种带钢钉后跟的鞋了。据说东莞当地做皮肉生意的女子也喜穿它,因为如果遇着赖账的嫖客,她们会顺手操起钢钉鞋狠敲嫖客们的后脑勺。很幽默的武器啊。

我对上海售鞋小姐说：对不起,我只想要榔头皮鞋,这带钢钉的皮鞋走起路,春风得意马蹄疾的,三里外也听到响声的吧。

买不到榔头皮鞋,自然扫兴,索性回酒店,化懊恼为力量,开始工作。

搬过电话机,翻开记事本,联系第一个采访对象,一位有名的女乐人,一通电话打过去,接话的是她本人。我直接说明来历和目的。她说：好的呀! 我说：那我们在哪儿见面? 女乐人脱口而出：波特曼,波特曼大酒店吧。

波特曼,那可是当时各国、尤其美国政要和商贾喜欢下榻的地方,消费不菲的呀。我们每天出差和工作可是有银两限额的。但谁让我把主动权交给她了呢? 我只好硬着头皮说：波特曼就波特曼吧。心想,对不起,老板,我只好先斩后奏了。

就这样,在波特曼我和摄影师顺利完成了对这位风韵犹存的女乐人采访。末了,我问她是不是波特曼的常客? 她说,不,第一次来。瞧瞧,上海女性,就是不寻常,对派头与品位,总能驾轻就熟。

结账时,消费了近千元。我多少是有点含着打落的牙和血,强作欢颜付款的。虽然款项会打在公司里,但还是为老板心疼。心里还盘算着,一千元能买几双榔头皮鞋呢?

回到广州,我填好报销单,忐忑不安地将它放在老板的面前,嗫嚅着跟他解释这笔款子的来龙去脉。谁知老板充耳不闻就大笔一挥,道："几好啊,不用一千元就买了她! 值!"……波特曼……买了她,这都什么啊?

我拿回单子,没有径直走进财务室,而是拐到茶水房坐了下来。我一边喝着香浓的奶茶,一边趴在窗沿从写字楼的三十层俯视秋天在马路上走来走去的小人和跑来跑去的小车……我这才明白,有些被我看成牛一样大的事情,其实连根毛都不如;而有些毛一样小的事情,却可能比牛还大。我活了这么些年,竟然到现在还分不清"牛"和"牛毛"孰重孰轻。在整个波特曼事件中,我一直为女乐人着想为老板着想,就是没有为我自己着想。我于是知道,我这辈子注定是成不了两类人的了:一是名人,二是老板。

我想,那么就凑合活吧。然后喝完了最后一滴奶茶。

富不过三

认识阿太,是在麻将桌上。阿太虽年逾八旬,但搓起麻将却极精神。洗牌、出牌、叫糊,处处流露出一种风范。旧时代姨太太的风范。

我是看过阿太从前照片的。大波浪长发披肩,黑缎旗袍。她说,你看不见的,还穿着美国玻璃丝袜呢。

阿太年轻时,先生最初是个乡里人。抗战的时候,她和先生离开有着一片枣树的家乡,蹚过河,下了山,就到了重庆。阿太的先生机灵、聪明,他先是在有美国兵的轮船上当伙计,后慢慢经营烟草,成了不大不小的烟商。轮船上馥郁飘荡的咖啡和锃亮的西餐具,是阿太先生认识西方的开端。后来,他和阿太果断地将独子送进了教会学校念书。

阿太的先生跑生意,阿太顺理成章地当起了姨太太。这时,阿太先生已在山城某个繁华地段有了一座三层楼的西式洋房和一间咖啡馆。那会儿,阿太每天穿着黑缎旗袍从洋房出来消遣的内容,大多是与几个姐妹搓麻将。姐妹们称她作六姐。六姐这时有一个迷人的年龄:30岁。

在重庆抗战的8年中,阿太的独子度过了他的少年时代。当儿子16岁那年,他穿着美国黄皮短夹克、黑长筒皮靴,留着"猫王"式的"飞机头"开始出入圣约翰大学。他对父亲的生意毫无兴致。他只喜欢女人和吉他。

1949年以后,阿太一家人的命运开始了重大变化。他们的洋房没有了。阿太把黑缎长袍退下,换上了粗布褂子,她成了新中国的女纺纱工。至于阿太的先生呢,人们则每到冬天,就会在一家厂子的仓库门口,看到他的身影。他总是披着一件灰长大衣。识货的人明白,那大衣质料上乘,有着一定的年月。

阿太的儿子后来改进一所水利学院,毕业后成了一名普通的工程师。家族昔日的辉煌于他恍若隔世。他早已没了少年的意气,只甘愿当个规规矩矩的工程师。他胆小如鼠,并患上严重的嗜睡症。——阿太日后不止一次站在秋日的阳光里指责儿子:你从来没有继承你父亲丝毫的坚强意志。

阿太的儿子结婚后,很快为她生了个孙子。阿太觉得,这孙子才是她与先生生命的隔代延续。所以,阿太孙子的童年、少年是在阿太迷离、传奇而光荣的故事里成长的。

但这孙子长大成人后既秉承了阿太先生的一部分,同时也秉承了他父亲一部分。他既爱做生意,也热爱音乐。生意场总是丑陋的、残酷的,音乐则是美丽的、温暖的,但某种意义上也是无能的、软弱的。阿太的孙子往往在丑陋的生意场上周旋最激烈时很不幸地思念音乐；往往在欣赏美妙的音乐时又意识到家族昔日的荣耀。渐渐地，他成了三代人中最矛盾、最迷惘的一个人。这种矛盾与迷惘像越奏越激烈的小提琴曲，令他渴望摆脱现实。

终于在那个9月炽热的一天上午，孙子把公司大门一锁，只收拾了两条内裤便上路了。他给奶奶、父母及公司所有的职员留下了这样警句：我不知道自己要去哪儿，你们别指望我是为了某种奇迹上路的。

晚年的阿太，事实上只重拾了她从前光辉的一项：搓麻将。因为刚好世道赌风盛行。麻将搓至热闹时，常有人递烟给阿太，她总是不抽，说烟味不纯。她说那时她只抽黑猫牌。

今天，麻将桌前的阿太全然一副牌中高手的模样，她正襟危坐、不动声色、牌技老道。只是每每打至第三圈时，她便会露出些紧张。这时，我便仿佛看到年轻时代阿太被人唤作六姐时的某种可爱。

三，对于阿太实在有着特别的意义。她常常边慢慢地砌牌边悠悠地说：酒过三巡，人就该晓得收敛；牌过三轮，人就该意识运气开始流转；因为很简单，富也总不过三的。

富不过三。这是阿太从自她以来三代人命运总结出来的一种哲学态度。

灿叔

许多年前,灿叔是我家的邻居。

灿叔应该说是一个农民,灿叔祖祖辈辈是农民。灿叔并不觉得做一个农民有何不好,他爱当农民。但灿叔在 10 多岁的时候,参加了东江纵队打游击,也就是说他成了一个革命者。灿叔告诉我,当农民和闹革命的时候,他穿的是那种对襟小布褂,风吹过,就有一股凉气浑身跑。革命结束后,灿叔却不能再穿对襟小布褂了,他只能穿有四个口袋的干部服。因为灿叔从此被组织安排在某个厅当副厅长了。当了干部的灿叔每回想解开紧闭的风纪扣,周围总有一片声音严肃地提醒他:你是一个厅级干部,风纪扣的紧锁有助你产生威严与风度。灿叔的手只好倏地停住转而去摸过去胡子拉碴的下巴颏,但现在下巴颏像一枚鸡蛋,连胡子也没有了。

灿叔后来对人说,他不明白为什么那么多人想当官,他就是没官瘾,他只想当一个农民,因为当农民自由。就这样,30 多年里,灿叔常常忧郁地做着一个相同的梦,穿着小褂,在洒满阳光的田野里走来走去。

终于某一天,上面的人通知灿叔,他不必再穿干部服可以改穿绸衫天天养鸟了。原来灿叔离休了。离休后的灿叔谢绝了单位拨给他的一套大宅子,只要了一笔钱,他揣着这笔钱回到了自己的家乡。临走时灿叔对我们说,等着吃我种的果子吧。

返回家乡的灿叔买了片地。这是片向阳的坡地。灿叔在坡地上盖了栋黄色小楼,并在坡地上种满了南方最美丽最吉祥的果树:柑橘。

柑橘通常在它栽种后的第五年,人们才可以得到果实。灿叔于是在我们的记忆中消失了5年。

第五年春天一个明媚的下午,灿叔回来了,他亲自挑着两大箩柑橘风一样地走来。风一样走来的灿叔二话不说,就将两箩黄澄澄的柑橘倒了一地。人们瞧着灿叔那张古铜色的脸,都说灿叔不再像厅长,倒像个十足的农民哩。

灿叔朗笑,音如洪钟。他说我本来就是个农民嘛。

说来也巧,这时与灿叔同级别同年龄的几个老厅长,一个患了中风,一个天天与小保姆厮混,还有一个天天抱怨如今的新官心狠手辣以及离休补助金只够他为外孙买几瓶娃哈哈果奶。只有灿叔每年春天,都会担着两箩金子一样的柑橘看望我们。灿叔依旧爱大笑,笑声像一片洒在田地里的阳光,灿烂无比。

无鸡不欢

想下乡。虽然空气有点闷,但还算风和日丽。温度摄氏23度。春天,在这座城市竟然穿短衣就可以了。四季已经模糊得很没道理了。

方向还是南边。都说居住在这个地球北半球的人们总爱往南边跑,居住在南半球的人们又总爱往北边跑。只因那里离太阳更近吗?

上午11点出发。一路向南。穿过望得见风景的车窗,看到城乡处处已是春暖花开,绿意盎然了。

过了洛溪,再穿行大半个大石镇,就到了石壁村口。只是稍不留意,就很可能与石壁擦身而过。

只有拐进石壁村后,真正的田园风光才春风扑面一样哗啦啦地让人措手不及。首先是我的头发乱了。然后菜田、芭蕉、池塘、葵竹、杨柳、紫荆、香樟、蒲莲。还有小桥流水,却没人家。从村口大概车行二十分钟,就到了我们要到的地方:两座大山和有两万只鸡的天然鸡场。今天来到了鸡场,是要与鸡共舞,无鸡不欢。

还记得有个从澳洲回来的朋友说过,在澳洲,如果某人某日发现患了某种肿瘤,医生通常都会问某某一句:经常食鸡乎?

医生问话的意思很明了,就是说现在的鸡肉比较容易让人患上肿瘤疾病。原因是那些鸡都是吃混合饲料长大的。我家以前有个小阿姨叫花芝。前年花芝也回家乡开了个小鸡场。花芝说,那些鸡苗和饲料都有人专门从城里提供给她的,她只负责机械地定时定量喂养。花芝说那些鸡长得很快,两个月就又肥又大,然后再运回城里宰掉。花芝每次打电话给我,都嘱我少吃鸡,因为她说鸡长得太快了,有点可怕。

可我想,我们不吃鸡吃什么啊?自来水里有漂白粉,咸蛋黄里有苏丹红,青菜瓜豆有农药,防不胜防。

但这个石壁鸡场的鸡,却全部都是天然喂养的。鸡们吃天然谷物,吃客人吃剩的饭菜,吃山上的小虫子。当地人管这种天然饲养鸡叫"走地鸡"。走地,很形象的。换言之,那些昼夜关在流水线上的饲料鸡,就是被剥夺了"走地"的权力了。人与鸡,何其相似。平素我们很多的心灵困惑不都是源于到底"当一只走地鸡"或"当一只流水线饲料鸡"的矛盾心理吗?

我觉得,眼前这些自然和自由放养在两座大山上的"走地鸡"还是幸福的。高山叠青泻翠,山涧细水长流,鸡们悠然其中,或啄食,或无所事事。虽然鸡们最终还是免不了被宰杀的命运,但鸡们的成长过程是欢乐的。

而城里人来到这个鸡场,大都也是为大吃特吃这些"走地鸡"

的。的确,"走地鸡"的味道,吃起来跟那些超市里的冷冻鸡和美国快餐店的炸鸡很不同。尽管脱了毛的"走地鸡"看上去个头不大,鸡皮黄黄,样子也拧把,可吃起来味道就是不同。鲜、嫩、滑、细,没有污染,吃着让人放心,不会担心吃完人就变得呆若木鸡。应该是真正的心灵鸡汤和鸡肉吧。

压枝低 （油画）

"贵妃溜冰"与"广岛之恋"

双皮奶,是广东小吃的一种。确切地说,是广东南番顺的甜品小吃。

虽然,在老城区也可以吃到双皮奶,但嘴刁的人知道,吃正宗的双皮奶,还是得到南番顺。

我去过最多的,是番禺的沁芳园。沁芳园位于番禺与顺德的接壤处,一个叫沙湾的地方。从广州市中心出发,得四十分钟。

沁芳园无淡旺季,任何时候总有人帮衬的。一个两层楼的甜品店,干干净净,因为是祖传生意,大概铺租不贵,所以甜品店的生意总是做得不慌不忙,淡淡定定。我想,这大概也是我喜欢沁芳园的原因。

沁芳园的门口,挂着几帧照片,那是香港美食家蔡澜先生和几位女明星品味沁芳园时的留影……记得第一次读蔡澜的美食文章,是他写日本芥辣。先生这样描述芥辣:那种辣,就像一枚小小原子弹在你的大脑爆炸……这样刺激的描述,令我永远难忘。以后,我也读不到和听不到比这更形象更生动的芥辣描述了。——我想,也许有时某个人一句独特的话就能吸引你对他终生关注的罢?我就是因为这句描述喜欢上蔡澜的文章,还有他的电视节目和他本人。

双皮奶,曾经有点神秘,什么配方之类的搞得像美国可口可乐一样。其实,任何菜肴,只要你集中意念,并充分调动味蕾潜能,都可以对它们作出基本分解的。双皮奶,也就是蛋清和奶再加糖。但地地道道的双皮奶,关键是它从不用一般的鲜奶,而是用水牛的奶。只有在南方水田里见到的水牛,它的奶量甚少,奶的浓度也有别于普通奶牛。所以用水牛奶做成的双皮奶,甜而不腻,绵软滑口。

城里的双皮奶不好吃,原因就出在奶品上。有的双皮奶用普通奶,有的则为节约成本干脆用奶粉开出的奶,吃起来,很像一碗水蛋。可能比水蛋还难吃。但因为广州外来人太多,他们品不出水牛奶、普通奶或奶粉奶,总是稀里哗啦吃罢一揩嘴走人。所以那些盗版双皮奶暂时还可以骗骗钱的。

虽然沁芳园的双皮奶只得五元一碗,但到沙湾一趟实在不容易。有时自己想吃或朋友来家里了,我就胡乱炮制几碗双皮奶。当然我又没养水牛,只好用鲜奶充数。在夏天的时候,我喜欢在传统的双皮奶上搞点小创意,比如将蒸好的双皮奶放进冰箱冷却后,再在上面加些"妃子笑"荔枝肉……一骑红尘妃子笑,无人知是荔枝来。总觉得一团团丰润的"妃子笑"撒在白白的双皮奶上,就像珠圆玉润的贵妃在溜冰呢。我于是把自己创意的双皮奶叫

"贵妃溜冰"。

如果赶巧没荔枝,我想用菠萝什么的切丁代替也不错。只是名字不能再叫贵妃溜冰了。菠萝……似原子弹多点,那就叫"广岛之恋"吧。是不是感觉一样很诗意呢?

爱情配方：白发红颜

现代人，讲究讳言。比如对男人，最好别问他挣多少钱；对女人，最好就别问她年龄了。对年龄讳莫如深，恐怕全世界女性都一样的吧。因为岁月无敌，女人面对冷酷的岁月一向无法潇洒，但男人却可以潇洒。岁月的刻痕只会为男性增添魅力，这和陈年老酒的道理是一样的。

在美国，好莱坞电影男女主角一向都盛行这么一种爱情配方：白发红颜。比如在《风月俏佳人》里，当时23岁的女角朱丽亚·罗伯兹配46岁的理查·吉尔；电影《狼》里，当时37岁的米歇尔·菲弗配57岁的男主角杰克·尼尔森；《谋财真要命》就更不得了啦，当时年仅23岁的女主角奥莉薇·达波竟配75岁的男主角柯克·道格拉斯。

许多人到中年的好莱坞女明星于是再也坐不住了，她们跳起来大声责问，那我们还可以做什么呢?！制片商耸耸肩，指示她们，可以回家看肥皂剧嘛！美国好莱坞的妇女自主运动所以一度风潮云涌。

但有趣的是,在电影院里,其实就连那些上了年纪的女观众,都只爱看白发红颜的爱情配方,而无法容忍白发黄脸的配方。

现实中,我们好像只看过伊丽莎白·泰勒这个玉婆兼肉婆的神奇女人,成功调制过与"白发红颜"背道而驰的爱情配方:老妇壮男。但全世界有几个伊丽莎白·泰勒呀?她是明星、妖后和富婆。中国也只有一个刘晓庆可以隔洋与之叫板。当然,随着现在中国富婆、富姐队伍的日益壮大,各样的爱情配方其实也开始让人眼花缭乱了。

如果说"老妇壮男"只是一种传奇,那么"白发红颜"倒是真正的浪漫。

几年前我认识一个女孩,她的名字叫红。这位红,跟奥尔罕·帕慕克可没什么关系。

红,俏丽能干,喜欢她的小伙子不计其数,但红最后却出人意料地嫁了个白头翁。白头翁有风度,有权有钱。红说自己真爱白头翁,因为她无法忍受与一个穷小子共同奋斗,何况奋斗成败还是个未知数。红只想把自己花样的年华一开局就投入到稳定、幸福和富裕里。那些追求"我的名字叫红"的小毛头天天幸灾乐祸地等红离婚,但七年之痒都过去了,红却依然紧跟白头翁,并且愈发出落得像个贵妇。可我知道红并非没有远虑。后来她私下对我说,一旦白头翁化灰,她一定会做伊丽莎白·泰勒第二。

说实在的,我倒真没看不起红,只因"我的名字叫红"够坦诚。何况后来还有了那个著名海外科学家与她小小妻子的爱情版本呢。这位科学家可以说将现代男人"洛丽塔情结"推到了登峰造极的境界。落差如此之大,壮观刺激,像尼加拉瓜大瀑布。

那天与几位女友喝茶,聊着聊着就又聊起这位科学家的爱情。因为科学家和他的小小妻子常常曝光,能不惹人嘴痒吗?我说,他们应该还是有爱情的吧?!女友们大笑,说我傻!她们说,你知道他有多少物业吗?你知道他未来有多少著作版税吗?你知道……一段所谓冲破世俗的、浪漫传奇的白发红颜爱情故事,就这么轻轻松松地被演绎成通俗和恶俗版本了。

速写爱情五十年

20岁的爱情,是一生的传奇。寻寻觅觅,兜兜转转,爱爱恨恨,缠缠绵绵。情埃落定,方有了刚跑完马拉松的疲惫和幸福。有过这样的爱情,你会成为一函书一轴画一首歌,别人读你品你,自己读自己品自己,就有了星星点点、丝丝缕缕的腥味、涩味和酒味。

30岁的爱情,是女性的自主意识悄然萌动和莫名的彷徨与迷惘。因为女的看男的,男的看女的,没有比天天厮守在一起更缺乏诗意的了。男的这时一声怪诞的呼噜,一个粗俗的吃相或一次事业的失败,都极有可能促使女的扬长而去。虽然这样很没道理,但好像又有些道理。因为女的只能在这时没道理一次。

40岁的爱情,是男性日益趾高气扬,是女性日益危机四伏。四十岁的男人春风得意马蹄疾,四十岁女人的美丽却开始凋谢。男人若是想再次传奇,那真是一万年太久,只可争朝夕。

50岁的爱情,是女人无休止的唠叨。平凡的太太抱怨丈夫没有赋予她一生的荣华富贵和流光溢彩。名流贵太太也抱怨高处不胜寒,说其实平平淡淡的日子更馨香。五十岁男人的爱情,这时像滑落的股市,总显得力不从心。他们于是喜欢这样说:过把瘾,一切只为过把瘾,不必当真。

  60岁的爱情,是女人面对电视连续剧没完没了地编织,是男人捧着报纸天气预报也要读三遍。六十岁的女人,不堪回首。六十岁的男人蓦然回首数十年的情爱,仍会情不自禁地一阵心悸和心痛欲绝。

  70岁的爱情,是他或她开始永远离开人世。离去的他或她,对于那孤独留守的一方,竟是一段永远的遗憾或一次永远的解脱。

爱是毒瘾

美国人,很好玩。美国的文化,也很好玩。美国的爱情故事,就更好玩了。或许是玩过火了,近些年来,美国的心理学家对美国人民发出了一个温馨警告:爱,是毒瘾。——所谓"瘾",单从辞义解,就不是什么好东西了,它泛指不良的癖好,如酒瘾、烟瘾、牌瘾,或眼下的网瘾。

美国的爱情心理学家,频频规劝那些因爱而忧郁、而丧志、而疯狂的美国人,必须学会在生活中戒掉爱的毒瘾。原因是,爱情非常苦涩;恋爱中的人,容易患得患失、疑神疑鬼,这样显然不利于身心健康。最后,心理学家们主张:爱,是可以爱的,但不要付出太多,免得受伤。要有节制地给予、有限度地接受、有礼貌地倾听、有保留地支持。反正要爱得四平八稳、轻轻松松。

说实话,这种爱情主张,只会让我联想起一件小五金,那就是洗手间或厨房里的水龙头。恋爱时……你的手,他的手,我的手,就那么轻轻、柔若无骨地搭在水龙头的旋把上。当我们想让爱的源泉汩汩流淌,我们只需转动一个不易察觉的角度;当我们想让爱的源泉飞流直下三千尺,我们就转动至一个极限。

但是可能吗? 那些堕入情网的痴情男女可能这样吗? 我想大概只有心理医生他们(她们)的太太、丈夫和情人可以做到了。但他们肯定也是一堆不识激情为何物的呆瓜。

——有保留的爱、可控制的爱,其实不是爱,那只是特殊的交往而已。爱的魅力、爱的诱惑,就在于它是失控的、无序的、全部的。像海洛因,也像一场没有预兆的事故。爱因此很累很累。

许多人大累过一场,尘埃落定,归于平静,以后稍不留神再遇爱情,总是想法子绕道而行,或干脆逃之夭夭。有的人则大累复大累,乐此不疲,继续不断让爱情煎熬生命。

现实中的我,从来都是个没出息和容易受伤的人,也是个对人生各种冒险体验极度缺乏热情的人,所以如果面对虚妄的爱情,我通常只会选择逃之夭夭。

黛 西

11点,办公室过道就会飘过一阵香气的,那是黛西回来了。老板特许的。每天上午,黛西都要到电视台录制6分钟的片花,一个普通的生活百科节目开场白。也就是说,她身兼两职。

对于脸上的镜头妆,黛西总是懒得卸就直接回公司的。那会儿,灰色的办公室就像插了一朵巨硕的玫瑰。黛西,我们的玫瑰。

但那天的香气,有点怪。记得读过一篇时尚小品,说女人的情绪其实会影响香水挥发的。果然,黛西风一样掠过办公室,挽袋一扔,就跑到我和丽莎跟前。

"怎么办?我老公有外遇了!"黛西说话总这样。没有前奏。

"啊?!"我和丽莎用力推开键盘。大清早,这样的消息,未免太刺激了吧?

丽莎用手扶着黑框眼镜,不停地问,"怎么可能?怎么可能?"

我知道丽莎的潜台词是,这么漂亮女人的老公都有外遇,世间男人还有谁可相信、相依?丽莎曾经很"琼瑶"地爱过、伤过、恨过,现在闻风爱情都要逃之夭夭。

我们问黛西怎么发现的?

黛西说从他老公的个人邮箱。她说她早就破译了他的邮箱密码,发生在他邮箱里的所有信息和故事全都在她掌控中。

这个黛西倒让我和丽莎猛吸了口冷气。我知道,女人总有这方面的小聪明。那些傻乎乎的男人不外就是以什么结婚日、妈妈生日或车牌号码做密码的。

再细瞧黛西的唇线,那天确实画得一塌糊涂。我知道她的心,真是乱了。

我说,"黛西,就当什么也没看见,什么也不知道。以后的事,以后再说。"

我还想说,这时最好对老公加倍的好。但话到嘴边,自己也迷惘了:这不是助纣为虐吗?

写字楼外,此时有几片灰色的云彩悄然滑过。夏日的天空总是变幻莫测。玫瑰黛西有些茫然,但她还是断然否定了我的退让。她说:"不,我不能容忍任何男人欺骗我!他必须承认错误。"

第二天,黛西没来;第三天,也没来。

第四天,黛西来了。香气袭人,脸蛋浮浮,脂粉险些挂不住了。

黛西告诉我和丽莎,她和老公后来彻底吵翻了。她说,就像当年的克林顿,开始也是打死不认,直到最后陪审团亮出莱温斯基那条致命的蓝裙子。是的,当黛西在空气中大声读出那串古怪的密码数字,黛西的老公一下瘫了。然后,他们之间爆发了一场可怕的战争。我可以想象:先是笔记本电脑和电脑线圈,然后是杂志、玻璃杯、衣服、金鱼缸、拖鞋,反正能顺手操来的家当,全都在那场战火中像 UFO 一样飞来飞去。最后飞出去的是一只撕裂的枕头,雪白雪白的羽绒漫天飞舞。漫天飞舞的羽绒也模糊了黛西的视线。黛西老公狂叫着你是个不可理喻的女人,夺门而出,落荒而逃。

之后,黛西辞职了。我和丽莎电话她,也总是关机。

两个月后的某个上午,黛西突然约我和丽莎 lunch。一间叫左岸的西餐厅。诧异她为什么要选如此古怪的餐厅。难道还有心情聊聊杜拉斯、西蒙·波娃、吕克·贝松不成?

左岸。当时正流淌着低量的背景音乐,摇摇摆摆的爵士。

我们的玫瑰黛西,倚窗而坐。桌子散乱地搁着咖啡杯、烟灰缸、车匙和时尚杂志。她美丽如昔,略瘦,眼神多了一丝新鲜的元素:锐利。

看到我们,她漫不经心地叼起一颗烟,眯细起眼睛,然后朝"左岸"轻轻喷了口烟。从前,黛西是不抽烟的。发现女人一旦经历了爱情磨难,脸部表情和行为举止都会迅速与国际风尚接轨的。

黛西默默注视了我们一会儿,说:"我和老公离了。——八成财产归我。但是,他不能跟那个女人好,这是我离婚的条件。"

喝了口咖啡。我说,"黛西,这是你想要的结果吗?"

黛西微微一笑:"只要他不跟那个女人好,一切还不算太坏。……谁知道呢?"

没办法,始终对一个女人的恨,多于对一个男人的爱。

接下来,大家都沉默不语。咖啡见底了,我扬手侍应,轻嘱他续杯。小男生很开心地碎步跑开去。

……左岸的左方,是一片透明的视野。装满了南方初夏的阳光。阳光甜腻、黏稠,像熔化了的奶油。奶油涂抹之处,是一块块城市麻木的景致。我暗自计算,我所捕捉到的、那些悠然晃过的10组面具图像,有两组是情侣面具。8比2。一个并不精确的概率。然后我又瞄了一眼手机时间,12:48。一个精确的时间。此时此刻,形形色色的爱情故事,并没有停止。

满城尽是莫扎特

元旦前后,广州满城尽是《黄金甲》。情人节将至,黄金甲清场,届时这座城市会出现很多莫扎特。

大概是前一阵韩剧看多了,现在城中的男孩在爱情面前是越来越丧失现实感了。去年有一部很搞笑的韩剧片《金三顺》,里面的女主角金三顺为了追求她的老板,这个做蛋糕的肥妹仔竟突袭学习弹钢琴,最后居然还真感动了那个神经兮兮的老板。

前几天看到一篇报道说,今年城中好多男孩认为,以前向女孩求爱采取送花、送朱古力、唱歌、写广告横幅什么的都显老土和缺乏创意了。他们今年决定搞搞新意思,让自己闪变成伟大的莫扎特,然后在情人节为她们闪弹一支爱情钢琴曲。

男孩们说:这么浪漫的求爱和求婚,她们想不投降都挺难!

所以最近一段时间,市内各种门类的钢琴培训班异常的火爆,但那些火爆的学员绝大部分都是"间歇性学员",他们只打算学会一首能够蒙蒙女朋友的钢琴曲后就金盘洗手不再弹的了。

但其实真是很难。学过钢琴的人都有过一些共同的经验,那就是他们总盼望着能尽快结束或跳过那些枯燥的练习曲训练,直接像个钢琴家行云流水地来它一首《献给爱丽丝》或《爱情故事》什么的。可根本办不到,因为基础练习是无法逾越的。弹奏钢琴时,在大脑的指挥下,右手的主音旋律和左手的和音旋律共同协调、配合完成一首曲子,说起来好像是一个简单的过程,但恰恰就是这一关让绝大部分人都放弃了成为钢琴家的幻想。所以,对于那些最后能够坚持下来,不管他们最终有没有成为严格意义上的钢琴家或"钢琴人",我都愿意奉他们为天才。

不知道今年的情人节里,城中的那些男孩能否如愿当一回莫扎特呢?反正,我觉得他们有点疯狂。如果我是被求爱的女孩,我更愿意让他为我付一个楼盘首期中的零点一成或零点零一成作为示爱的方式。

女人大过天

现在的节日真多。恨不得三百六十五天,都变成节日。再掐指算一算,属于女性的节日真不少:情人节的半数,秘书节的大半,护士节的九成,儿童节的三分一,还有母亲节的全部……都包含了妇女节日。

可并不是所有女性都喜欢过这个妇女节的。因为妇女二字,听起来好像泛指有了一定岁数的女性。现在的女性,更喜欢别人叫MM,小姐,靓姐,女士……而妇女,容易诱发她们联想起妇科、妇联什么的。

如果先生您非要称我妇女,那么对不起,我宁可您亲切地称我是"富女"。——富女,多好!渴望物质、精神、爱情……富裕着的女性。

我也不太喜欢三八的。原因是从前就经常听同事或朋友形容一个女人啰里啰嗦、无事生非时说,"这女人,好三八!"所以三八,已经有点变味,有点讨厌,有点过气,有点贬义。

查阅一下大百科,知道所谓的妇女节定义基本是这样的:……妇女节又称国际妇女节,是世界各国妇女争取和平、平等、发展的节日。节期在每年三月八日。一个世纪以来,各国妇女为争取到这一权利做出了不懈的努力和斗争……咦,这样一种节日,好像比较适合那些想当甘地夫人或希拉里的女人过。

其实我觉得,现在中国的妇女与她们的另一半男人相比,其地位已经很"和平"很"平等"也很"发展"的了。看看职场上或家庭里,她们独立,掌控,野心,强悍,冷漠,斗争……比之男性,甚至有过之而无不及呢。男人们于是经常仰天长叹:"老婆大过天呀!"其实他们也是在长叹:"女人大过天呀!"

所以现在的妇女,实则天天都在过妇女节呢。既是如此,又何必非等三八这一天呢?作为个人,我会把三八这一天,小心翼翼地放进时间的存折里,然后留待母亲节那天再取出来。为我的母亲,为我自己,也为天下的母亲过一个双倍的,再加一点点利息的母亲节。

换画

现在的朋友比较"恶毒"。一段时间没联系,见面劈头一句就是:"嗨,换画没有?"——换画,就是离婚没有?换丈夫没有?丈夫如画吗?只听说过美女如画的。

我说没有,她们就有点失望。然后批我是宁要一棵树也不要一片森林的顽固派。那是自然的。我又不是松鼠和野兔,我要森林做什么?

不过,既然"换画没有?"可以成为一句问候语,恐怕说明离婚率还真是蛮高的。我看看周围的朋友,换画的几乎有五六成。所以,现在给人的感觉是,换画,是正常的;不换画,是异常的。

想来,换画这事情也是男女双方不得已的选择。所以现在的人也很开通,换画,权当人才与资源重组。

但在我看来,换画,是一件需要激情和勇气去完成的事情。它就像要砸烂一个旧世界,重建一个新中国一样,漫长而艰难。有时,看看朋友们离了再结,那厮也不见得比原装正版的好多少,区别也就是盗版的比正版的高两厘米,或脸上少了两颗麻子而已。人跟人,生活跟生活,实在没什么不同的。

当然,我这样讲好像有点坐着说话不腰痛。我确实是坐着的,因为我比较容易满足。而关键是我一直比较变态,我总喜欢将自己身边的男人都蜕变成父亲。也许是在家里排行老小的原因,本质上,我并不十分喜欢成长和成熟,也很抗拒自己成为一个非常标准的妻子和母亲。我总觉得,只有当一个公主,当一个女儿,你才能享受到那种为所欲为的宠爱和娇纵。即使平时犯个什么错,耍个小赖,就可以为自己也为别人开脱了。所以在我的潜意识中,我好像没有丈夫,只有爸爸的,或者说丈夫就是爸爸。没听说过谁会和爸爸离婚的,对吧?

惊悚爱情

我的干妈解放初期是东北某县某乡的妇女干部。干妈当时被两个男人同时热恋,一个后来成为她的男人,我的干爹,另一个是乡长。干爹当时也是个革命人,但干爹的性情多愁善感,他在延安时最爱看的书竟是《茶花女》。乡长不如干爹多情,他只有一把系红绸绸的驳壳枪。

年轻的干妈既漂亮又浪漫,她不爱驳壳枪,却想成为"茶花女",所以干妈决定跟干爹好。乡长什么王八龟孙没干倒过,如今自个儿眼看却要倒在一段情上,他心实有不甘。在一个月黑风高的晚上,乡长约了干妈到大豆高粱地向她最后摊牌,到底跟他还是跟干爹好?干妈说跟干爹。乡长二话不说"嗖"地自腰间拔出驳壳枪朝干妈当头就是一枪,干妈应声倒下。但是干妈没死,子弹只擦着她的下巴颏疾飞而过。干妈痊愈后,乡亲们发现,乡长这一枪是真正的歪打正着。因为干妈脸上从此有了一个笑与不笑都客观存在的酒窝。

以一种恐怖手段替干妈"整容"后的乡长,却在那个月黑风高杀人夜彻底消失了,尽管当时乡里县里贴满了通缉令,可乡长还是不知去向。

干爹很快娶了干妈。后来干爹许多战友在以后的岁月里纷纷更换老婆,但干爹依然深爱干妈。每逢听到看到这样或那样的爱情故事,干爹的神态总是很不屑,他对他们说:有女人会为你们在野地挨子弹吗?没有!你们新的旧的女人都不会为你们挨一颗打出酒窝效果的子弹。

时间很快过去了数十年。就在一个冬季的清晨,干爹干妈获得了一个无比震惊的消息,当年的乡长居然浮头了,他在内蒙古的一个县的镇子里过着自由自在的生活。凑热闹的人鼓动干爹干妈去报案。但干妈摸摸脸上的酒窝后说,他不过是为爱情嘛,算啦!

想不到无论古今中外,也无论革命者或资产阶级分子,一旦爱到了极致而又毫无结果,他们绝望和报复的方式竟是如此相似。只是古代兴下毒,乱世兴开枪,现代兴泼镪水罢了。它们都属于惊悚爱情的一种。

猪会爬树

短时小雨。早晚轻雾。吹东北风。今天是3月8日。

今天大清晨,就收到一个骨灰级老友的短信:天是蓝的,海是深的,男人的话没一句是真的;爱是永恒的,血是鲜红的,男人不打是不行的;男人如果是有钱的,和谁都是有缘的;男人靠得住,猪都会爬树!祝好女人三八快乐!

我看完,当场笑翻。出得家门,但见南国,春意盎然,细雨芬芳。走着走着,想起短信,不觉又笑。笑过想想,又笑了笑。一路大笑,跌跌撞撞。不知为什么,一个如此庄重而伟大的节日怎么会变得那么好笑?

不过笑过之后,想想这条短信还是藏着一点社会学意义的。那就是它透露出女人始终对男人的不信任。"男人靠得住,猪都会爬树!"——信任,应该是平等的,好像女性感到还有点不平等喔。

其实,纵观好多爱情故事或爱情悲剧,发现男女之间情感的症结或死结,也都是这个:女的总觉得男人是种不可信的动物,而男的又觉得女人干嘛非要男人可信?!——我想,如果这个症结解决了,我们的社会大概就可以趋至雌雄同体、和谐共存,乃至世界大同了。

　　写到此,想到今年媒体一些与男男女女相关的链接内容蛮有趣,要把它记下来的。1. 著名收藏家马未都最近表示:自己不但关注古董,也对社会问题很感兴趣。他近来一直在思考将来婚姻是否也可以实行合同制? 2. 朋友酷说:年前年后,他就一直在思考如何把爱情和婚姻变成一项消费的行为? 3. 近日,有全国政协委员在两会提出,"三八妇女节"应改为"三八女人节"或"三八女性节"。女大学生干脆已在今天自发改为"三八女生节"了。

　　而结果是,大部分女同胞其实更关心"三八"有无假期?有无钱银?有无得玩?至于名称,爱叫啥叫啥吧。

揩油，OL 及其他

好莱坞有一部电影，叫《叛逆性骚扰》，原译是什么记不得了。男女主角是大牌明星黛米·摩尔和迈克·道格拉斯，这两个有着魔鬼一样气质的演员把《叛逆性骚扰》演绎得荡气回肠。

我想，那会儿也正是美国热衷"性骚扰"话题的时候。是的，"性骚扰"一词诞生在美国。有意思的是，"性骚扰"最初总是发生在 office。所以它应该是摩登男女一场粉红色的战争，一场惊艳的玫瑰战争。"性骚扰"从美国那边过来，到了我们这儿，被说成"揩油"。更加本土、生动和形象。

其实，无论"性骚扰"或"揩油"，有时真是一种很暧昧和难以界定的东西。上司瞟 office lady 一眼，轻拍 OL 膊头或对 OL 说两句少少带感情色彩的话，算不算"骚扰"？有 OL 斩钉截铁，一惊一乍地答：绝对是！而我觉得，还不致那么严重。

现代人际管理学一直潜在地教导我们，当我们在 Office 的时候，一定要忘掉性别，泯灭人性，雌雄同体，六亲不认，你死我活。

啊,这样的办公氛围,在我看来是可怕的。我固执地喜欢在理智而严肃的办公室,无论如何应游动着一丝温情。记住,不多,只是气若游丝般的一丝而已。

而在现实中,其实许多 OL 在对待所谓的"性骚扰"问题,她们所流露的态度也是比较口是心非的。比如,如果上司与她们多套几回近乎,她们会在背后骂老板神经病;可当上司对她们目不斜视,当透明人一样时,她们又很失落。——女人天生就是爱争宠的。因而所谓的骚扰,可视乎谁骚扰?骚扰的程度如何?恐怕才是关键。

而且对那些事业特别有成,外表尤其英俊的上司来说,要处理好这个问题也算得上一门艺术。因为在日常工作中与大批量的 OL 朝夕相处,他们被这个或那个 OL 暗恋和喜欢几乎是不可避免的,为了 OL 们的和平共处,他们必须时时刻刻端平一碗水,演好一个大众情人的角色,如果稍有差池,"骚扰"不均,是非就多,最后甚至有可能引发"后宫"混战的。而你万万想不到的是,最后可能告你"骚扰"的那一个 OL,恰恰正是嫌你喜欢她不够,因爱而妒而恨的 OL 呢!——啊,女人是多么奇怪和可怕!

不过现在,好多办公室的"性骚扰"技术已全面升级了。《叛逆性骚扰》版本正在被张钰黄健忠式的"潜规则"版本取代。玫瑰战争更加惨烈和赤裸,那是后话了。

魅力

什么样的男人最有魅力?

总觉得,这样的问题应该由一群怀春妙龄少女来回答好些。她们会摇头晃脑大声告诉你:郭富城!黎明!汤姆·克鲁斯!布拉德·彼特……

而我们,已相当地迟钝了,对魅力男人。

记得小时候,一度非常迷恋《乱世佳人》中的白瑞德,觉得他魅力四射。后来人一长大,就发现白瑞德不对了。白瑞德神神化化,飘忽不定,还总是煞有介事地一身白衣白裤,如果他刚好还穿一对三接头皮鞋,那白瑞德不像南洋华侨又像谁呢?比较滑稽。再后来,我又被《简·爱》中的罗切斯特先生所吸引。罗比白强多了,他够酷够深沉够复杂。但人再大些,发现罗切斯特也不对。那么些年了,罗一直在他那个疯疯癫癫的老婆和外表平凡心灵美丽的家庭女教师之间扭扭捏捏、牵来扯去地搞也搞不清楚,很烦很烦。

今天回过头来想想,发现其实不是白瑞德、罗切斯特没有魅力了,而是我成长世故了。世故的人会变得挑剔和刁钻古怪。

现在,我觉得所谓有魅力的男人,已经不再需要有什么惊心动魄的外形、气质和故事了。——他首先一定一定要聪明,然后聪明的他,还多少应该有点佛性。他不应太亮太嘈,不应太霸气太尖锐,他甚至应该有些许的颓废与脆弱;他宁可像一团温柔的阴生植物,也不要像顶天立地的一棵松。男人像一棵松作伟岸状最最搞笑了。

许多回,每逢看到电视里播放那些穿着小白褂,跳来跳去火龙一般缭乱的抡着棒槌鼓声大作的西北汉子,我的头就会随鼓点子一下一下地疼。这种西北汉子们犯了一大忌:就是太像男人了。而什么东西若是太像了也就不像了。

这些锣鼓喧天的西北汉子最后除了令我们联想到贫穷,并不能联想到其他什么。

说来说去,有关男人的魅力依旧是混沌不清的。这倒让我想起多年前,查尔斯的长子某日在学校突然收到英国一家报馆的传真。传真的内容很特别,是查尔斯王子的一幅全裸照片。报馆的老记并无恶意。他们解释,只想借照片告诉正在迈向成人行列的小王子一个深刻的道理:你的父亲脱光了,和世界上任何一个男人并没两样。

我当时觉得出此计的老记,真是非常优秀。是啊,有时男人的所谓魅力,也像查尔斯的衣裳,当外壳剥落,接近本质,人人都差不多。

所以,哪个女子若是发现哪个男人很有魅力,最好是敬而远之,高瞻远瞩,永远不要去掀他的外衣,只当他是镜中花,水中月。因为得不到触不到的永远最好最魅惑。

心诛 (油画)

无关"同志"

我们最后发现,这个世界最难看懂看透的是一种动物——人。但这似乎只是相对而言,因为常常听闻男人嘟哝:女人真看不透;女人却往往极豪气极有把握地宣布:总算看透男人了。

不论女人真看透假看透,我都觉得女人优秀。这优秀是她们的直觉、率真、简单和果断。

女人或许真是比男人更易看透人类的。男人们有太多的事情要做,譬如发动战争、建设家园、争权夺利,这样他们剩下来关心人类,尤其关心女人的时间便有限了。但女人们除了关注美丽,就是关注男人和儿童。

据说男人们在两种人面前永远也潇洒不起来的,一为女人,二为仆人。美丽女人驯服男人的招数是美丽;丑陋女人驯服男人的招数是撒泼;中不溜的女人驯服男人的招数是智慧。当女人们说看透男人的时候,通常是那些男人在她们面前流露了他们人性中脆弱和不光彩的一面。诸如自卑、怯懦、自私、猥琐、狠毒、吝啬、自大、乏味等等。

因为与生俱来的生理特点,男人少有看透女人的,即使看透也只眼开只眼闭,他们自慰"好男不跟女斗"。而女人一旦看透男人,是无法容忍那些看透的内容的,最终只会扬长而去。

很悲哀地,如今被看透的男人像非洲蝗虫一般愈来愈多,所以现在女人愈来愈喜欢自己的同性——女人。

重色轻友

有朋友叫重色轻友的。当然,那只是绰号而已。

我们之所以唤这位朋友重色轻友,缘由是只要他身旁一出现美女,我们立马便成为可有可无的人了;而在他没有美女的日子里,他却会邀我们饮茶。

其实在生活中,我们有时真是很难说清楚色与友,究竟哪样于我们更有意义。如果说色是一朵红玫瑰,友则是一簇绿盆景;色是一条大河,友则是一湖静水,都很美。

当然也有人可将色与友断然划成黑白两道的。影星成龙就说:"我身边有好多朋友,朋友身边的女人一个一个离开。几十年来,朋友仍旧,女人就好似走马灯。虽然,朋友一样可以翻脸,但再见坐下还可以饮杯酒。女人就不可能,分了手就有裂痕。所以我不会为女人放弃一切。"

毕竟是闯荡江湖的。成龙这样说,也这样做。不知为何,成龙这番"重友轻色"的理论让人欣赏他的冷静、真实之余,竟也给人一种痛彻感。这种痛彻再次告诉我们,浪漫主义、英雄主义、"不爱江山爱美人"的爱情神话已经一去不复返了。我们生活在一个彷徨、功利的时代。这样的时代使我们不知何时该重色轻友?何时该重友轻色?或如何做到时刻重色重友?而无论哪一样,做起来都难免得失和遗憾。怎么办?

　　没办法。就因为爱情能让人迷离,我们愿意一千次一万次地燃烧、沉沦;就因为友情能给人温暖,我们在遭遇爱情创伤和寂寞孤独时,又总像一只迷途羔羊渴望友情——就这样,我们时而重色轻友,时而重友轻色,时而重友重色,时而轻友轻色地活着。一天天,一年年,直到白发上了头。晚年,当所有的热烈、所有的生命只凝聚成注视夕阳一点点西沉的微弱力量时,我们剩下的只有回忆。奇怪的是,那时回忆里最美丽动人的章节通常又会是情爱。

　　我们终归是重色轻友的一群。

穿过酒店大堂的女人

在酒店那些开满了玫瑰花紫丁香的地方,在那些镶嵌着大块大块玻璃镜子的幻影深处,都会浮动着一种迷人的香气:女人香。

你实在无法想象,若是少了这种氤氲的女人香,那酒店还有什么意思还有什么美丽。

在京城,而且一定要是冬季的京城。那些穿过酒店大堂的女人和由她们散发出来并隐在玫瑰花紫丁香玻璃镜幻影处的香气,会让你瞬间搞不清春夏和秋冬的。

在一个已经弥漫了圣诞快乐气氛的冬天,我正巧到北京出差。一天晚上,朋友请我到王府饭店吃饭,我去了。

当车子戛然停在酒店门口,我穿过明亮的玻璃门看到了一幅现代童话的景象:一片闪烁的金银花丛里,京城漂亮的女郎穿着高得不能再高的高跟鞋和短得不能再短的迷你裙,优雅地穿过大堂。她们的脸儿很白,红红的嘴唇很红。朋友是位豪放的诗人,他看了看因穿了一身羽绒衣而显得臃肿不堪的我，又看了看酒店大堂的女人，说，比起她们，你更像北方女人，对着这样的你，我一夜无诗。

真的，北京那些穿过酒店大堂的女人，因为在进入酒店后可以一下卸去厚厚的外套，那些细细的胳膊腿儿和白白的脸便也可以一下袒露出来，蛮刺激的。男人爱看，女人爱看，那些诗人画家大概更爱看。

到了上海，穿过酒店大堂的女人是另一种风情。上海的女人不如北京的女人奔放，但性感却不比北京女人差。她们靠的是柔媚。穿过酒店大堂的上海女郎，喜欢穿得很雅很雅坐在花园酒店的酒吧里，听英文歌，有时干脆独坐一隅抽烟。看到从酒店大堂飘然而过和静静坐在酒吧房里的上海女子，会让人想起上海旧小说里的小女人来。

回到广州，穿过酒店大堂的女子跟香港的女子倒是很接近。广州穿过酒店大堂的女子比起上海的女子显得不够幸运。上海女子除了可以到酒店寻找浪漫，她们也可以到外滩、淮海路或其他什么地方，这些地方一样很干净很漂亮。但广州就不行。广州在酒店大堂飘然而过的女子只有在酒店，才会找到合适她们的气氛和调子。广州穿过酒店大堂的女子通常长发飘飘，高筒袜，黑裙子，还爱涂越来越黯的唇彩。

广州穿过酒店大堂的女子现在发现，除了酒店，她们还真不知该去哪儿。因为城里到处在拆房子建房子搬房子。残垣颓瓦使城市看起来像废墟。有哪个美丽女子愿意披一身华服穿行于废墟中？但酒店大堂那些开放的玫瑰花和紫丁香以及玻璃镜的幻影，却与她们身上的美丽一致。所以，虽然穿过酒店大堂时，她们感受不到阳光和风，但她们只能选择穿过酒店的大堂。

美女消失

5月的一天,我去才成立不久的芭蕾舞团。这之前曾听闻不少议论,说让红舞鞋在广州这块热土上蹦蹦跳跳简直是匪夷所思。缘由广州人只知道钱钱钱。殊不知西方有个说法:芭蕾就是金钱。就这样,广州人硬是撑出了一个芭蕾舞团。

芭蕾除了是金钱外,芭蕾还是女人。所以芭蕾舞团诞生的同时,广州也多了一群艳丽绝俗、气质典雅的美女。以往,我多是单个地欣赏美女,可那天瞧着自大巴士涌出整个团芭蕾美女,顿觉群体美女才过瘾,那是一种了不起的景观。但年轻的芭蕾团长却一旁告诉我,她担忧这种景观有朝一日会模糊,会流动,会消失。因为美女消失如人才流失一样,事实上已经在许多城市发生了。

记得好些年前,我到北京、上海出差,很深刻的印象是,这两地的美女真多。可近几年再到北京、上海,同样很深刻的印象是,美女大量消失。我急得忙问北京人、上海人,你们城市的美女哪里去了?他们悻悻然,说嫁到外国去啦!——一向认为,一座城市的美丽不外两样：人物。风景。美女们的消失,使得京沪两地昔日的风采黯淡了几分。

相比之下,广州倒趣怪,它是个不断快速创造美女也不断快速消灭美女的地方。因为签约歌手、签约艺员、签约模特机会多,广州南来北往的美女也多。逢着选美活动什么的最刺激,美女们会潮水一般涌向大剧院的舞台。但大幕一谢,美女们很快又像潮水一样涌到停泊在剧场外的劳斯莱斯、奔驰、宝马、法拉利。然后,载着美女的香车又潮退一般迅疾隐匿于灯火辉煌的夜市。整个过程流畅无比,很华尔兹。

那位忧心忡忡的团长说,谁说得准哪天那些豪华轿车也像开车展一样热热闹闹地聚在芭蕾舞团外呢？

那真是说不准的事。因为劳斯莱斯、奔驰都是好东西,你实在无法抗拒它们的魅力。芭蕾是高尚的,生活却是现实的。于是说不准的那天一旦来临,你便无法抓住欲乘它而去的红舞鞋。我后来发现,无论团长,还是美女,她们脸上都有一种宿命的平静。

颓 势

窗外，雨点打着芭蕉。六月的南方，暴雨连连，雨水丰富。这样的天气，人能不出门，就不出门的。

蜷缩斗室，看久违了的电视，也看久违了的香港明珠。

后来看到一队行 catwalk 的模特。来去飘然的，个个都有点像《乱世佳人》里的费雯丽。才知道，今明两年的时尚风标，会有小小的回归。回归到上世纪四五十年代好莱坞的经典上去：并不过分的华丽和并不保守的含蓄。关键词是腰。腰部位很细。所以时装的效果会很费雯丽，也很奥黛丽·赫本。

电视里那位来自纽约的时尚发布先生，最后用了六个字来概括最新的国际时尚元素：力量，感性，颓势。

觉得前两个元素都没什么新意了，喜欢最后"颓势"的说法。有点后街的味道；也有点摇滚的味道。透着淡淡对现实的无所谓。

想象一下，一个现代版的费雯丽以百分百的颓势，行走在飘荡着罂粟花幽香和淡淡尘埃的城市气息里;行走在一条冷酷而荒漠的公路上;行走在清晨天堂一样的阳光里;行走在一种泪流满面的感动里;或仅仅行走在单纯透明的行走里……真是很惊艳的。而这些个元素,转念一想,不也正是我们和我们城市现在的情绪和表情么?

窗外,依然是雨打芭蕉。淅淅沥沥,清脆温柔。于是轻触遥控,熄掉电视。

手之时尚

曾经看过一则广告,钢琴声在空气里很挑逗地摇晃,一只男的手和一只女的手开始慢慢地慢慢地从不同的方向接近。男的手后来终于轻轻捏住了女的手,准确地说,男的手捏住了一只黑乎乎的手,因为女的那会儿戴着一只黑手套呢。男的后来再静静掀开女的手套缘口。人们这时看到了一只金表。这是一则关于表的广告。但有意思的是,我至今还弄不清那是为什么牌子的表做广告。我所有的记忆全都给了那只美丽的手套。它大概是用柔软的鲸皮或黑丝绒什么做成的。手套缘口的小开叉处还非常秀气地缀了一抹粉花。

这只粉花黑手套,后来竟无数次地令我联想起裹在某个雍容华贵妇人身上的黑旗袍。至于那抹粉花自然要被我联想成装饰旗袍的襟花了。不同的是,旗袍及旗袍襟花表现了女人身体的时尚,而手套及手套粉花却表现了女人手之时尚。——想象一下,当那只手套从一个又一个指头优雅而缓慢地退下后,纤纤十指和粉白的手背骤然裸露,这手便是一样可以流露种种风情、种种温柔和种种性感的,那如血的片片蔻丹当然就是一张张红嘴巴了。

像其他服饰一样,女人的手套其最原始的意义只是防寒和护手,后来它有了装饰性和贵族意味;再后来它成了一种毋庸置疑的时尚。

任何一种风格的手套我几乎都喜欢。它们就像不同格调的服装,一款总有一款的惊喜,一款总有一款的效果。像社交用的长手套,女人如果身披华服坐在包厢里看《茶花女》,便必须戴它。戴了它的手无论摇着有柄的望远镜,还是轻轻擦拭为茶花女而流的伤心泪,都要比一双光秃秃的手来得优雅。而这类社交型手套,我最欣赏和喜欢的颜色是极暗极暗的绛红。那是一种与歌剧院、大帷幕和辉煌的歌剧本身最能浑然一体的颜色。

除了社交手套,还有一种叫穆斯可特的手套,也是专门为配合社交晚礼服而出现的。这种手套,女人修长的手臂戴上它时,下臂部位往往因为有一定的松度而会产生非常自然的皱褶状,雅致极了。穆斯可特手套只要能与晚礼服配套,无论什么颜色都是美的。

美国拍过一部很唯美的电影,名字叫《钢琴别恋》。片中美丽忧郁的钢琴女爱戴一副露指手套,后来钢琴女从手套露出的指头被她的男人砍掉了。这种无指手套据说源于美国殖民时代。女人们开始是夏季戴用,后竟也与婚服配搭了。但现在想想,还是弹钢琴的女人最适合戴。当然,现在因为冬天也要操作电脑,无指手套倒一下变得人人皆宜。美国的东西最终总是人人皆宜的。

如果说以上这些社交手套、穆斯可特手套、无指手套很像穿在人身上的旗袍、婚纱或法国大革命时代的紧身鸡笼裙,那么有些手套倒很平民化了,它们的风格就像 T 恤衫、太空袄、牛仔服。——编织型的手套像 T 恤衫;北方孩子四指免分,保暖性强,还有两根绳子吊甩着的手套像太空袄;工作用的白线、白帆布手套耐磨、粗犷,像极了牛仔服。

但女人终究还是喜欢优雅的手套。优雅的手套永远是为真正了解时尚意义的女人们准备的。因为穿衣到了一定境界,剩下的便是细节。而细节往往更见品位,手套绝对属于细节装饰。在无数个冬季,就因为一双手套,我们看到了许多不如意的图画。有的女郎不缺长靴大衣,但偏偏总是两手空空,寒碜气于是流露,煞风景吧?有的女郎一身笔挺红西服,却偏偏手戴一双棕色手套,又煞风景吧?还有的女郎衣物、手套色彩搭配都好,但凑近细瞧,那手套做工、皮子着实恶劣,大煞风景了吧?

其实,手套可以由皮、布、纱、针织等等做成,但它们优良的标准却很一致,无非是做工精良、材料上乘。拿一双好的皮手套来说,它必须具备柔软、轻巧、精致、舒适的素质。这方面意大利、法国一直是全世界最光辉的典范。意大利的匠人会用制造一只表的态度制作一双手套;而法国服饰大师独到的美学眼光和对女人永远的眷恋,总可以使一双看似普普通通的手套让女人所有的优雅淋漓尽致地挥发出来。

记得前年秋天,我哥哥的一位法国朋友来中国推销皮手套。当他把一只长长扁扁的皮箱打开来,呈现在我眼前的是几十双式样各异、五彩缤纷的手套。法国朋友说,在法国,每逢秋季来临,他就会踩着一地黄叶,拎着这只箱子穿行于巴黎的大街小巷。我对他说,这活儿很浪漫嘛!有朝一日我到法国,也想干这种差事呢。

带露浓 （油画）

水果衣裳

一向认为,浑浑噩噩地度日不算一件太坏的事情。它最不坏的地方,便是对四季茫然不觉,遂感日月如梭,时光飞逝,人生如梦。

那天经过佛罗伦时装屋,赫然瞥见橱窗上布满了水果。一个个硕大无比,五彩粲然,有桃子有石榴有苹果有葡萄。

时装屋明净的橱窗搁着光头模特、锦衣华服不摆,无端端缀满了水果做什么?

心里这般蹊跷着,就走进了"佛罗伦"。

我指着橱窗的水果懵懵懂懂问小姐,你们也出售果子不成?

小姐就掩嘴"嗤"地一笑,说,我们只出售"水果衫",今年夏季流行水果颜色嘛!

哦,我这才恍然大悟。夏季竟是这样不知不觉红头绿脚地来了。

我环视了一下时装屋,发现那些空空荡荡挂在衣架子的衣裳件件短小精巧，颜色鲜嫩。

仿佛将这些橘黄、葱绿、粉紫、桃红的衣裳卷作一团丢进榨汁机搅几搅，也会榨出沁人心脾、清凉爽口的果汁。

我自言自语："可去年才流行黑嘛，至少应该有个过渡，譬如浅灰浅褐之后再大红大紫都不迟呀！"

小姐觉得我老土，便没好气说："人情厌常喜怪，是这样的啦。你不喜欢水果衫可以吃水果呀！"

后来，我离开时装屋时，才发现果然有好些少女穿着水果色的短衫仔。看久了，就觉得她们像一颗颗苹果、桃子、石榴、西瓜在滚来滚去。

从前，男人看女人有"秀色可餐"的说法。这个夏天，他们可以说"鲜果可餐"了。

但向来，每一种时尚总是只取巧一部分人，而摒弃另一部分人的。今夏水果衫的亮丽，显然只想到了那些二八少女。像我们这些高头大马、老朽一些的女人穿上水果衫，大概只会像蒙了厚厚浮尘、嚼榨不得、呆头呆脑、了无生气的蜡木瓜或蜡香蕉。

从前，这样的蜡木瓜蜡香蕉还算个东西，置于茶几餐柜之上，可充充阔。但现在用它作烧香用的供品，还嫌俗气和寒碜呢。

大概真正的人生也如是，老了的女人等同于供品。哀哉悲哉！

这样想着，就很希望有哪个服装师为我们这些老女人设计一种水果衫，叫榴莲果衫。当然它也必须能够发出榴莲那种独特的怪味。

那天在流花路上,我想象着人们远远瞧着穿榴莲果衫的我们,便匆匆掩鼻落荒而逃的景象,便忍不住一个人站在六月的阳光里大笑起来。

男人的漂亮

看过一组男性系列服装,它们有个很历史很怀旧的名称:美国根源。我实在看不出那些服装和"美国根源"有何瓜葛,既无彪悍的印第安风情也无点滴的牛仔情结。

但它们又的确是美国根源。那些大摇大摆迎我走来又大摇大摆背我而去的模特,个个都是肌肉男。他们染绿了头发,穿得花里胡哨像从迪斯尼乐园出来似的。这大概便是另一种拙稚、自由、荒诞的美国根源吧?

但我感到类似"美国根源"这些男装创意总是弄巧成拙、多此一举的。

其实,今天男人的漂亮几乎已是一种如雕塑、名画般凝固的经典了。比如西装,那么些年了,万变不离其宗,怎么穿怎么好看。还有短夹克,是另类活力的经典,风度翩翩的男子穿短夹克再披一条细格子绒围巾,会很漂亮很漂亮。至于那些在秋季时披露的长大衣和长风衣,忧郁而多情的男人穿了它们所散发的魅力,竟是致命的。

中国从前的裁衣匠很奇怪地鼓捣了一种唐装样式的丝棉袄,它好像是特为那些带点禅意和琴棋书画的男人准备的,男人只要穿上,就会拽出丝丝缕缕的风雅。

无需流行无需时尚也无需亦步亦趋。西装、夹克、风衣、大衣和唐袄,已经足以令男人们一辈子漂亮了。

至于花样多多的服装意念,还是留给女性罢。

迷你裙

赶时髦的女性,若是有点脑子的,赶着赶着就会赶出些经验和理论来。

她们发现,宽脚裤的灵感其实源于南方水上人家的审美;喇叭裤不过是嬉皮风气的重复;而有着鲜花般盛开的褶裥袖口的白衬衫,倒是十八世纪纨绔子弟们的花哨玩意儿,当然,莫扎特、贝多芬也穿过它。现在的服装设计师,不外是将那些过去的细节与现代的风尚这样那样地缝过来裁过去罢了。缝得高明裁得新鲜者,乃高手、大师也。

也许是拖拖拉拉了太久,女性对裙子的喜爱近些年变成另一个极端:极短极短的短。

日本女孩最新的秋冬形象是短裙加长靴。近些年裙与靴之间留30厘米的空档为最佳,这空档,有的女孩只以一双薄薄的肉袜御寒,有的女孩索性连肉袜也坚决抵制。

广州、香港的女孩很聪明,她们用一种长及膝盖的黑袜代替长靴。这样既免去了闷热,又很应潮流。

所有流行短裙基本上沿袭着20世纪60年代的风格。当时迷你裙像摇滚乐,曾经影响过一代女性的精神面貌。超短裙除了一般的迷你裙外,还有喇叭形短裙和挂胯形短裙。眼下最受欢迎的是挂胯形。它的特点是由胯骨支撑裙子,若能在裙腰处束一宽皮带则更妙。

一个热衷迷你裙的女孩概括性地告诉我:今冬时髦就是身体呈现四季——大衣、靴子是秋冬;短裙是春天;裸露的一段白腿儿是夏天。而我却非常世故地预测:医治膝盖骨关节风湿的狗皮膏药来年一定走俏。

意大利的鞋匠

意大利国家的版图很像一只靴子。我不知道,它是否也导致了意大利人在这两方面的天赋与优秀:踢足球,造皮鞋。

的确,讲究品质的人喜欢意大利皮鞋,感情怀旧的人也喜欢意大利皮鞋。

识货者从未怀疑过这样一个事实:世界上最优秀最优雅最昂贵的皮鞋只能在意大利找到。

曾读过一本意大利皮鞋集萃画册,那些皮鞋流露的万种风情、辉煌华丽令人叹为观止。而意大利皮鞋最引人赞叹的是皮鞋制作者们对于手工劳作的永远忠诚,他们的匠人气质至今不衰,面对汹涌澎湃的大工业泰然自若,对日产万双的现代流水线制鞋纪录不屑一顾,仍然只坚持每个鞋匠日制两至三双鞋。所以,一双真正的意大利皮鞋已经不是产品,而是包涵个性、人情的艺术品。

两年前我认识一个叫玛丽莎的意大利女孩。能与玛丽莎成为好友是因为我们对服装、鞋子有着共同的欣赏趣味。临回国前,玛丽莎赠我一双纯意大利手工制造的皮鞋留念。鞋的材料取自小牛皮,它用正反缝法将表革部分缝到底革上的独特方式制成。这双鞋子美轮美奂,无懈可击,固若金汤。每隔一段时间,我便忍不住要将它取于掌上细细观赏,把玩之间眼前便会慢慢幻化出一幅极美的画:长巷子,小作坊,老鞋匠,金太阳。

金毛

女人天生好跟自己的身体过不去,从面容修整到节食减肥到恋恋不舍高跟鞋,无一不是以牺牲她们身体的天然与自由为代价的。

女人还有一大跟自己身体过不去的举措,就是头发问题。无论怎样的发型,都难使她们心满意足,从一而终。直发的想卷发,卷发的又想直发;长发的想短发,短发的又恨不得光溜溜的脑袋一夜春风吹又生,生得又长又浓。

这些年来,亚洲女性对头发改变的欲望尤其强烈。她们不再满足于单纯的形式变化,而是对头发的色彩也大加革命。于是乎,一片片黑森林,硬是抹下了缕缕金光。

其实,染发行为在西方妇女生活中一直是件与洗发、剪发般随意的事情。亚洲女性因为天生一头压倒所有色系的黑发而无可奈何了几十年甚至上百年,要在乌鸦一般的头上面翻花样实在不如西洋女人满头金黄来得轻巧。

染发实在是麻烦的。先是漂白,后才上色,然后新生的黑毛一露脸马上又要补色。这样感觉着,女人的头发就成了大染缸里的咸布块了。

一些最新流行通讯说,整整沸腾了几年的利落、前卫短发会在近年渐渐衰落,反而蓬松的卷发和富有层次的长发会恣意挥洒;染发的时髦呢,不会停止。

据说女人最容易对自身头发产生反感和厌恶情绪是在揽镜自怜时。漫漫数十年女人将头发变来变去,从短到长,从直到卷,从散到束,从黑到金到红到未来不可知色彩,都似乎说明了这样一个事实:女人是一种真正的喜新厌旧动物。只是她们不如男人狡猾,未将这种喜新厌旧的情绪转移到爱情和性爱地带,只一味作践自己罢了。所以女人一旦疯了、恼了,那头发也一定是乱了秩序的。

大头靴

　　大头靴只是靴子一种。它奇奇怪怪地风行了几年,现在看来仍没有"退役"的迹象,相反更加变幻了花样,大踏步地走在迷惘的城市里。

　　本来穿靴子没什么好说的,只要靴子是穿在秋冬的日子里。但现在的男孩,尤其女孩,即使在酷热的夏日亦决不放弃大头靴。去年夏季,粤港两地的女孩子流行穿着那种纤薄、透明的吊带长裙。逢着柔柔的风儿吹过,那裙子便轻轻地摇呀摇呀的。按理说,这样一种裙子是要配轻盈、俏丽、开放的鞋子才合理才好看。但偏不。女孩们仍固执地以大头靴衬着、托着那软软的裙子摇摇摆摆、飘飘悠悠地。她们有时还很自虐地套上厚厚的线袜,将袜筒一层层翻过来点缀靴帮子——所有这些,都像夏季南方女孩用脚丫子一笔一笔涂在空气中的画儿。画儿拙稚、有趣和美丽。

　　女孩们对大头靴的迷恋,首先最要乐死那些皮靴商,然后再要愁死那些湘西补鞋妹的。眼下,广州哪间鞋铺橱子里若是少了靴子,就跟化妆品专柜缺了口红一样地遗憾。我也是靴子一族的预备成员。除了审美上认同大头靴外,我觉得穿大头靴还有许多实用价值。比如不怕踩砸,容易打理,干净度高,防止扭伤,抑制脚臭外泄;遇着色狼,更是可以横脚飞踢过去的。

　　穿大头靴不跟穿健美裤、比基尼似的,于人的身体曲线、长短无过分要求,当然,小腿肚子漂亮些最好。但很多日本女孩天生一副罗圈腿,仍很自信地爱穿大头靴。

　　我到京、沪两地出差,发现倒是那里的女孩对大头靴不甚感冒,平素仍嗜好累人的高跟鞋。我很希望有一天,北京上海女孩的脚丫子也不分四季地跟大头靴谈谈恋爱。尤其上海女孩,她们娇柔、纤巧的身体配上大头靴,我想一定会产生某种特别的美:错落。

　　曾经听那时候的沪上人说,解放前,上海有留声机子的人家喜欢听这样一支歌儿:三轮车上的小姐真美丽,大大的眼睛细细的眉,西装裤子短大衣,张开小嘴笑眯眯,浅浅的酒窝叫人迷,侬为什么对我嗲声嗲气……

　　那天,走在外滩的黄昏里,我突然将这老歌子仿佛沙沙转动出来的印象,恶作剧地想象成这样:出租车里的小姐真美丽,大大的眼睛细细的眉,长裙飘飘大头靴……

　　上海小姐,侬啥辰光也穿大头靴?

黑色

一向最心仪的服装颜色是黑色。总觉得,能够将黑色穿成经典的人是一个既真实又模糊的女人,她就是托尔斯泰笔下的安娜·卡列尼娜。

黑色与白色一向不大受潮流局限。它们几乎是永恒的。白色纯净、高尚、安宁。而黑色非常奇怪,它除了具备白色所有的优秀素质外,竟还可以流露高贵、典雅、神秘、敏锐和冷艳的气质。

黑色是肌肤白皙、高大丰腴女人的宠儿。这类美女人穿上它,就有了安娜·卡列尼娜的风韵。

黑色囊括了世间一切颜色,因而是永远的。过去的女人热爱黑色,今天的女人更热爱黑色。宋家三姐妹曾把黑旗袍穿成了历史;演奏古典音乐的女乐手似乎只有在穿上黑礼服时,才能更出色地表现音乐的内涵及力量。

每一年世界服装大师们都要向世人宣布这样或那样的流行色。红红绿绿的流行能力一直断断续续,唯有黑色始终是一股不变的潜流。近年来，由黑厘士黑雪纺这些透明料子做成的衣裙乃至内衣更是大行其道，风靡全球。这种黑色透视衣裳散发着忧郁、浪漫的情绪，若隐若现将女人的性感、柔情和风情发挥到极致。

记得前年，曾经在时装通讯中读过一组女人治丧时穿戴的黑套装，当时就被那款款黑衣裙的完美震慑了。我于是感叹，如此完美的黑套服只用于奔丧岂不可惜？怎料不久前，竟听说欧洲女郎在婚礼上也开始穿黑婚纱了！可见女人对黑色的钟情已近疯狂。黑色的魅力使现代女人超越了传统，超越了束缚。

女人对于黑色服装的喜爱亦日渐扩展到饰物上了，近来听闻黑珍珠饰物就很走俏。

正如黑白电影、黑白照片始终有着彩色电影、彩色相片所无法取代的独特魅力一样，相信黑色服饰的时尚也将以种种形式由女人们流传、延续下去。

日本女装

　　欣赏欧洲女装与日本女装的感觉是迥异的。前者似一杯香浓的咖啡，后者则如一壶香茗，味道淡淡的。
　　欧洲时装无论色彩、造型、面料的变化总是气象万千。它们辉煌而热烈，敏锐而性感，富丽而典雅，常令人激动得心跳加速继而会对现实中的平凡流露失落。日本时装则一味以整洁、淡雅为大局，色彩喜摄过渡色，如灰、浅灰、褐、浅褐；粉蓝、粉红、粉绿等等。造型的变化虽也丰富但甚少流于尖锐。这些淡淡的日本女装看久了，眼前便会叠过一幅又一幅淡淡的版画。可无论欧洲与日本时装存在怎样的差异，它们却不约而同做到了优雅。
　　性感与风情令欧洲女装优雅；干净与细致令日本女装优雅。日本女装不怪诞，清纯精致。它的细节处最可玩味。一个褶裥，一弯花边，一束花结，一溜纽扣无不透出设计制造者的良苦心思，往往令人想起日本的"浮世绘"、漆器、竹编乃至日本人超级的精益求精敬业精神。如此这般，一件平常衣裳便注入了某种文化内涵。

诚如日本的电器、汽车业一样,日本现代时装的成就已在世界扮演着举足轻重的角色。所以在加布里埃勒·夏奈尔、伊夫·圣·洛朗、克里斯汀·迪奥、罗伯托·卡普奇等光芒四射的名字里也硬是挤进了三宅一生、森英惠、山本耀司、川久保玲和高田贤二。这些来自日本的服装设计大师,创意前卫,最具代表的当数三宅一生。

中国内地女性服装从过去形色单调发展到现在的多姿多彩是一场了不起的革命。但总觉得生活中相当一部分女性依然无法找到准确而良好的穿衣感觉。她们往往不顾及环境、文化背景及自身体型,盲目追求怪异和性感,胡乱搭配色彩和饰物。于是,街头上媚俗怪诞、红头绿脚、扎眼惹火的女子比比皆是。

中国女人与日本女人同为东方女性,不论生理、气质都有甚为相似之处。适合西方女性体态、脸形、神韵的某些装扮常常未必适合我们,中国女性无需"急病乱投医"般胡乱模仿西方人的不羁、夸张。但日本时装那极适合东方女性的整齐统一、精致干净、柔情优雅风格倒真值得我们采取一下"拿来主义"态度的。那就让我们从学会和谐与整洁开始吧。

一低头的温柔

山口百惠是日本20世纪70到80年代的歌星和美女。

一直都很喜欢山口百惠。喜欢她那种在川端康成小说中常能读到的日本女子的柔软气质,那是一种如秋天樱花一般的淡淡哀愁和哀情。这淡淡的哀使山口百惠的歌听起来有点温存,有点无奈和有点忧郁。

算起来,山口百惠已经退出歌坛二十多年了,可日本人还是忘不了她,老想着山口百惠复出。在《最后的歌》里,山口百惠曾这样唱:"最后的光亮尚未消失,明天将一个人面对,应该更成熟吧,决定不再想见,至少我的心,已如止水般。"

其实,日本人忘不了山口百惠,有很大的一个原因就是,在山口百惠之后,始终没有哪个歌星和明星可以超过和取代山口百惠。

不过从美女的角度,在山口百惠之后,我觉得倒是有一个宫泽里惠可以暂时安慰安慰日本人的。宫泽里惠的气质与山口百惠比较接近。两个人的经历也有相似之处,都是混血儿。山口百惠是日本与韩国混血;宫泽里惠是日本与荷兰混血。两人都来自单亲家庭。只是很没意思的是,后来宫泽里惠因为厌食症竟自个儿把好端端的一个绝色美人给彻底地毁了。

在宫泽里惠之后,虽然又陆续出现过什么安室美奈惠、滨崎步、广末凉子,但比起这两位美女前辈,她们只能算是丫鬟那一档次的。主要是味道不纯,过分现代和不够含蓄。纯正的日本女人味道,当如山口百惠和宫泽里惠,当如徐志摩的那一首诗《沙扬娜拉——赠日本女郎》:

> 最是那一低头的温柔,
> 象一朵水莲花不胜凉风的娇羞,
> 道一声珍重,道一声珍重,
> 那一声珍重里有甜蜜的忧愁——
> 沙扬娜拉!

菠 萝

POLO,是一个品牌的名字,是名牌。只是非常奇怪,一直以来,就是没有人将 POLO 也像其他名牌一样冠个不伦不类的中文英。大概 POLO 太简单了,一目了然,不谙英文的也不打紧。而我也喜欢称它为菠萝。

其实,认识 POLO,说起来还得归功于我的老板呢。他是一个狂热的 POLO 迷。

我的老板,属于那种喜欢将自己收拾得干干净净的人。每逢回报社开会、讨论什么的,我所看到的老板,总是让人眼前一亮、赏心悦目的。我是喜欢这种赏心悦目的感觉的。因为平素所接触的男子,大多不太在乎穿着,他们总是就那么几件条纹的确良衬衫再加几条灰灰蓝蓝的涤纶长裤,过了一季又一季。这样装束的男人满城、满马路比比皆是,看久了,看惯了,就会看出一种无奈和恐怖来。

我惧怕的确良条纹衬衫。我喜欢所有的男人都穿得干干净净而又蛮有味道。干净,是一种修养;味道,倒是能让观望者对生活产生热爱的。

POLO,应该是为这样一种干净和味道的男人而存在的,它是一个从前叫 Ralph Lauren 的美国男人创造的。POLO 的世界是一个阳光和棉花的世界。它的衣服全是蓬蓬松松、软软绵绵的棉,格子的、条纹的、素色的,自由舒畅,轻松漂亮。最有意思的是,POLO 穿来穿去都不时髦,但也总不落伍。我想,因为这点,全世界的男人穿 POLO 都会好看的。

就在前两个星期,刚好报社几个同事到香港公干。那天黄昏,我们老板带着我们到了清水湾那家有着美丽波浪造型的酒店喝咖啡。咖啡厅隔壁便有一家 POLO 专卖店。

最后,我们终于一人拎着一个有 POLO 字样的大纸袋,坐在了咖啡厅。

后来发现,邻座有两个日本女人在叽叽咕咕说笑,她们桌底下竟也是大包小包的 POLO。

从香港回广州不久,我又在一家商场看到了 POLO。但做工和款式都吓我一跳,问问售货小姐,才晓得那是台湾人产的 POLO。

那天一整天,我都闷闷不乐,我不喜欢 POLO 变成台湾人产的样子。我只喜欢男人穿真正的 POLO。

千年芬芳

还是去年的冬天,在书店买了一册《苏轼黄州寒食诗帖》,浙江古籍出版社出的。诗帖黄旧黄旧,印在宣纸一样的纸品上,才8元5角。把最后一册买回来,然后将它像风琴一样抖开来,随便挂在墙壁,霎时间,仿佛宋时的墨香海棠花香一下穿越千年的时光在我的房间四溢流转。

我们这些所谓新时代的人现在已经很少接触书法了,拿毛笔比拿扫帚不知吃力多少。平时很羡慕别人能写一手漂亮的毛笔字,不知这诗帖可否让我沾一点点的仙气?

说起书法,就想起了一个从前听来的故事了。说的是一对书画夫妻。有一阵子,画画的丈夫有了外遇,妻子又气又恼但又不想把事情闹大,唯有死忍。妻子跑到近郊,租了间农民屋天天闭门练书法,她大练特练,直练得笔笔中锋都似投向情敌的把把利刃。后来,画画的丈夫玩累了,倦鸟归巢了,妻子同时也练成了一名书法高手。这个故事真是有趣的,它使我们相信愤怒和仇恨有时竟是有魔力的。难怪中国有"愤怒出诗人"这样的名句。这对书画夫妻的故事如果流传开去,那会不会也有"愤怒出书法家"的说法呢?

不过我总是怀疑,愤怒仇恨真会催生出优秀的诗人、书法家或其他文学艺术家吗?比之愤怒和仇恨的力量,我更愿意相信和接受爱的力量。可当我们还是儿童的时候,我们的口袋、书包、胸腔就被社会和成人不断地装入各种各样的仇恨和愤怒。等到长大成人时,这些仇恨愤怒,已慢慢、慢慢在我们的心里结成了坚硬的果子,并长出一朵朵肥大和畸异的花儿。

可在这册黄州寒食诗帖里,尽管惆怅缱绻,但它还是让我嗅到一种千年的馥郁芬芳,也感受到了一个伟大诗人的天真烂漫和至深至沉的热爱。

录寒食雨二首:

自我来黄州,已过三寒食。年年欲惜春,春去不容惜。今年又苦雨,两月秋萧瑟。卧闻海棠花,泥污燕支雪。闇中偷负去,夜半真有力。何殊病少年,病起头已白。

春江欲入户,雨势来不已。小屋如渔舟,濛濛水云里。空庖煮寒菜,破灶烧湿苇。那知是寒食,但见乌衔纸。君门深九重,坟墓在万里。也拟哭途穷,死灰吹不起。

玫瑰玫瑰我爱你

应该是一个平淡无常的黄昏,黛绿的窗帘正随风轻拂。那个叫王若琳的小姑娘,她的声音就那么从某个图像里飘了过来。很长很长时间了,已经不会被一把素不相识的嗓音所吸引。可是,这个女孩子吸引了我。王若琳,一个台湾女孩,有着干净清爽的外表和几乎与她年龄不相称的温婉。她独自漫步在小城故事和早春二月一样的水粉风景里,怀抱吉他,自弹自唱,歌声自远处缓缓飘来,就像初春若即若离的阳光。

她的嗓音实在是特别的,慵懒、醇厚、温暖,沙沙的性感入骨。你会觉得,这么丰富和丰满的声音真不是她这么一个青涩的女孩可以承受的。所以听她的歌,我更愿意轻轻闭起眼睛,好让这个世界暂时在我面前消失。

尤其是她演绎的英文歌曲,那么地道和流畅,JAZZ味道浓郁撩人。这些由她再次歌唱的英文曲,应该有一定年月了吧?仿佛每个音符,都能让我们回想起美国上世纪三四十年代好莱坞经典电影音乐的梦幻与浪漫来。

我于是想起好多年前,我曾经就有这么一张CD。后来我把这张CD送给了画院的一位朋友。那时,画院每周都会举办一次舞会的。朋友于是每次就在舞会上打一打这张碟。每当女人的歌声袅袅升起,那些平时只爱呆在画室创作的画家就会从画室鱼贯而出,然后又鱼一样纷纷滑入舞池翩然起舞,舞蹈的他们摩肩接踵,影影绰绰,半明半灭中,就像一幅幅炭笔素描没完没了地幻化。没有人愿意那些曼妙的歌声戛然中止。旋转的歌声于是溢出窗外,一直擦着流花湖的水面荡漾远去。

王若琳的歌声,就是属于这样一种暖色调的东西。比较遗憾的是,她唱的中文歌实在是少。比起英文歌,其实我更喜欢听她翻唱的几首民国时期的歌曲,比如这支《玫瑰玫瑰我爱你》。这支歌的原唱是上世纪三十年代的歌星姚莉。这支歌,被姚莉唱得俏皮轻松,单纯活泼,这大概也是那时候的文艺风情特点,有种类似张爱玲"出名要趁早啊"及时行乐的欢欣和仓皇。但王若琳再现的这支歌,显然是多了我们现在的审美趣味。她改用吉他伴奏,好像有意放慢了及时行乐的步子,再加上录音技术的进步,王若琳比姚莉唱得要好听。

虽然王若琳的英文歌几乎已经炉火纯青,但毕竟好像还是在模仿,真想听到她更多的原唱歌曲。但这对于一个只有二十二岁尚缺乏生活洗礼的女孩子也许是困难的。那么在未来的时间里,当她爱恋过,拥有过,失意过,挫败过,振奋过——我想,她的嗓音、她的歌声或许会焕发出另一种璀璨而丰满的光芒?

池边

清晨,出得城东,车子就好像一直追着太阳跑了。因为池子的方向在东边。

这样的追赶,说实在的,在九月的南方不是件轻松事情。时令虽说已是初秋,但那只是月份牌上的初秋,与我们真实的生活无关。我们只知道,这里真正的季节几乎只有漫长的夏季和稍纵即逝的冬天。

这样追着太阳跑啊跑啊,跑到此地,是因为此地藏着一个大大的泳池。其实也就是标准池啦。但因为池里人丁稀少,尤其过了八月,那些撒野的孩子像一场摇滚音乐会的骤然终结,统统不见了,泳池瞬间竟变得异常安静。当细风擦着池水吹过潮湿的身子,你就会比城里人率先感知秋天的意味。

池子里只有三四条人鱼。天空,瓦蓝瓦蓝;池水,汪洋透亮,绸般轻漾。人鱼彼此点点头,便一跃而入,任由那匹蓝绸缎子在身体上来回裹动。

与城里池子不同的是,这里四周弥漫着浓浓的近郊原生态风情。几株榕树,大象一样有气无力懒懒散散立在池边。几个穿橙色衣服的救生员,神态也像沙漠骆驼,慵懒散漫。是的,所有的,都有气无力。奇怪的是,这有气无力,却让一池水波妩媚无比。我想,是的了,这池子便是以这么一种懒散性感的气质吸引了我。

　　当你以一条无名之鲸的姿态滑进这池子,你会变得格外舒展。你的大脑没有竞技的意识,也没有健身的概念,当然更没有要打败什么的意志,有的只是向自然作最温柔的妥协与顺从。它是全部意义的所在。

　　喜欢游上个二三百米,就披上宽大的浴袍团在池边坐一会儿。瞅瞅有气无力的天空,或听听有气无力的鸟语。慢慢发现这池子的硬件真不错,软件还差点,像乡下妹子。池子四周的屏蔽比较单调,仅仅是几堵不能让人产生任何联想的白墙。如果池子的老板赏脸,我倒真愿意跟几个伙计一起在几面白墙上涂满神秘鲜艳的热带棕榈和身披草裙的美女,又或者干脆把高更塔希堤岛的狂热油彩和原始活力整壁整壁地泼将上去?

　　在池边,也喜欢跟那些晒得跟塔希堤岛土著一样的救生员瞎聊。他们大多是住在附近的乡民。他们跟我说,蛮喜欢这个活,因为一年下来也就是五到十月累点,其他时间都轻松的,想干啥就干啥。

　　我于是想起一个日本作家写的苏格兰某小岛的故事。那个小岛盛产威士忌来着。但一年中有六个月甚至九个月,那些做酒的男人基本无事可干。因为夏天河水温度上升,不适合造酒。加上夏季用水过多,河水势必减少,会使马哈鱼无法沿河而上,所以酒厂都处于停业状态。这时候,做酒的男人们就统统跑回家一遍遍重新涂抹墙壁的颜色。由此一来,小岛上人家的墙漆,总像童话般鲜艳夺目。不过,一到九月,男人们就扔掉油漆桶,又兴冲冲地返回酒厂,大喊大叫:"啊,这回好了,不用给房子涂颜色啦!"

想起这个故事,坐在池边的我就会忍不住笑起来。不知道这些当救生员的男人在他们冬天闲着的时候又会干什么呢?每次想问,还是没问。我想,只要不是因为闲得发慌打老婆,他们干什么,都不至太坏的罢。唔?

耕耘颜色

在一个春暖花开的日子,所有的生物、植物还在南方潮湿的漫漶里没有完全苏醒时,我的思维却尾随着那只滑稽的鼠标无意识地游走。蓦然地,开始对文字有了一丝倦怠。也许是因为今天这个变得太小太小的世界,文字已经开始与经典、纯正的特质渐行渐远起来?所有的事物都是一把双刃剑,好的正面恰好是好的反面。可不是吗?今天只要你拥有一个或数个、数十个 ID,你就可以随意地朝生活吐吐口水,并在网络同时扮演一个圣者和泼妇的角色。

从小就喜欢画画,但却从未接受过严格的专业训练。所以在我眼里,那些受过专业训练的画者画家,真是地球上一群太幸运太幸福的家伙了。后来认识了海外的 K. 先生。K. 是一个自由艺术家,他鼓励我大胆地遵循自己的内心去画。就这样,我懵懵懂懂地拿起了画笔。我得承认,这美妙的一天来得似乎太迟,又似乎不算太迟。只是这种尝试,常常让我微笑着想起类似的成语:不知天高地厚,蚍蜉撼树……

我记得听过这样一句话:"任何人,只要你拿起画笔,那你就是一个画家。"我想这就有点阿 Q 啦。这就好比我对一个写字的小童说,"只要你写,你就是一个作家"一样。作为鼓励自己和他人,是可以这样的。但要得到别人的承认,却是另外一回事了。

我想在画画这件事上,我是把自己看得很低很低的。就像张爱玲说的,低得像从地上尘土里开出的无名小花。我没有太多的名利奢望,也没有赶展览和头顶艺术家冠冕的压力。我只是把自己看成一个农民。每当太阳升起,农民下地干活劳作,我就站在画布前耕作而已。我喜欢画得很慢很慢,好让每一个笔触也把一分一秒凝固在内。所以我后来才明白,一个真正的艺术家何以令人生羡,只因为画家的时间和生命是彩色的。

我还记得读过一个女画家的专访,文章这样描述:"她凭感觉画画,像水一样,流到哪算哪。她每天早晨起来就开始画,一直到晚上,她画得很慢,每天只能画出巴掌那么大小的一块。她画画总是从一个小局部开始,像虫子爬行一样,慢慢地向周围侵蚀,不再画第二次。这样的生活对于一般人来讲是难以想象的。但对于她却是非常愉快的。她觉得并不是画画要她怎样怎样,也不是她画得如何如何,而是画画给她带来许多充实的东西,使她得以愉快地安度每一天。画画的时候,她把录音机打开,放着音乐,进入一种状态,对于她来讲,再也没有比画画更好的事了。她喜欢那样不慌不忙地画画,不是为了赶展览或者别的什么,无休止地画画就是她每天的生活。"

想起来,当读完这段话时,我窗台上的盆景正好绽放出春天第一朵粉花,肖邦的钢琴曲也如春光乍泄般夺路狂奔……我想,这些描述也概括了我所有的心愿。我祈求上帝,赐予我这同样的安宁和坚韧。

图书在版编目(CIP)数据

窗前谁种芭蕉/石娃著.—上海:文汇出版社,2010.8
ISBN 978-7-80741-942-6

Ⅰ.①窗… Ⅱ.①石… Ⅲ.①散文-作品集-中国-当代 Ⅳ.①I267

中国版本图书馆 CIP 数据核字(2010)第 129891 号

新民文库·夜光杯文丛·个人专辑

窗前谁种芭蕉

作者/石　娃　　插图/石　娃
新民文库总策划/朱大建
特约编辑/贺小钢　　责任编辑/陈今夫　　封面装帧/周夏萍
出版发行/文汇出版社(上海市威海路755号　邮编200041)
经销/全国新华书店

照排/南京展望文化发展有限公司　　印刷/江苏启东人民印刷有限公司

版次/2010年8月第1版　　印次/2010年8月第1次印刷
开本/890×1 240毫米　1/32　　字数/190千
印张/9.875　　印数/1—5 000

ISBN 978-7-80741-942-6　　定价:25.00元